사이버 렉카 전쟁

국내 최초로 익명의 플랫폼 사용자의 신원을 확인한 변호사의 추적과 그 기록

―

'뻑가'
'탈덕수용소'
그리고 '중학교 7학년'

―

정경석

사이버 렉카 전쟁

초 판 인 쇄	2025년 8월 21일
초 판 발 행	2025년 9월 1일
지 은 이	정경석
발 행 인	이수형
발 행 처	(주)법률신문사
출 판 등 록	1980. 4. 22 제6-46호
주 소	서울특별시 서초구 서초대로 396, 1402호
대 표 전 화	02-3472-0602~5
팩 스	02-3472-0606
홈 페 이 지	www.lawtimes.co.kr
I S B N	979-11-5919-048-3(03300)
정 가	20,000원

이 책은 저작권법에 따라 보호받는 저작물이므로 무단전재와 무단복제를 금하며, 이 책 내용의 전부 또는 일부를 이용하려면 반드시 저작권자와 (주)법률신문사의 서면 동의를 받아야 합니다.

사이버 렉카 전쟁

국내 최초로 익명의 플랫폼 사용자의 신원을 확인한
변호사의 추적과 그 기록

머리말

악플 등으로 인한 사회적 문제가 심각하게 대두될 때, 이에 대한 선제적, 예방적 차원에서 법적으로 무엇을 할 수 있을 것인가를 고민하던 차에 '클린인터넷센터'를 법무법인 내에 만들면서 이른바 악플과의 전쟁이 시작되었다. 수사기관도 아닌데, 법무법인에서 법적으로 할 수 있는 일이 무엇일까 고민하면서도, 여러 유명인들의 악플 예방 및 대책업무를 수행하였다. 어쩌면, 이는 앞으로 있게 될, 그보다 더 큰 익명 사이버 렉카들과의 만남에 대한 서막이었을 것이다.

위와 같은 악플 대처 업무를 수행하면서 자연스럽게 '탈덕수용소'라는 유튜브 채널에 대한 법적 조치를 위임받게 되었고, 무엇보다도 선제적으로 필요한 것은 바로 익명으로 운영되는 위 운영자의 신원정보 파악이었다. 처음 사건을 시작할 때만 해도, 막연하게 헤이그 증거조사협약에 따라 사법공조 절차를 통하여 미국 법원을 통하면, 탈덕수

사이버 렉카 전쟁
Cyber-Wrecker War

용소의 신원정보 확인이 가능할 것으로 기대하였다. 그러나 점점 더 이에 대한 자신이 없어져 갈 무렵, 무언가 새로운 방법을 찾아야만 했다. 민형사 소송 모두 절차가 제대로 진행되지 못하는 교착상태에 빠진 것이다. 매우 난감하였다.

이때, 미국 법원에 직접 디스커버리 신청을 하여 익명 유튜버의 신원을 확인할 수 있다는 것을 알게 되었고(이것 자체가 말 그대로 '디스커버리'였다), 그 길을 믿고 따라가 본 것이 결국 주효하였고, '탈덕수용소' 운영자의 신원정보를 마침내 확인하고 그 법적 책임까지 지우면서, 필자는 여러 언론매체로부터 주목을 받게 되었고, '국내 최초'라는 타이틀까지 과분하게 받게 되었다. 이는 전적으로 필자의 의뢰인들과 그 상대방들의 유명세 때문이었을 것이다. 돌이켜보면, '운칠기삼'이라는 말처럼, 운도 많이 따랐다. 어쩌면 '팔할이 운'이라고 볼 수도 있겠다. 물론, "왜 여기서 막혀야 하나?", "더 이상 법적인 방법이 없나?"라는 화두를 갖고서 개인적으로 고민하고 찾아보는 시간도 많았다. 또한, 클린인터넷센터 때부터 '탈덕수용소',

그리고 '뻑가' 등 그 이후의 여러 디스커버리 절차에서 물심양면으로 도와주고 있는 우리 팀의 허성훈 변호사, 진형석 변호사, 이재형 팀장의 도움도 필수적이었다. 이재형 팀장은 지금도 필자와 함께 여러 사건들에서 함께 '추적중'이다. 아울러 필자를 믿고 어려운 결정을 내려주신 스타쉽엔터테인먼트의 심세란 이사님을 비롯한 임직원 분들께도 감사를 드린다.

'탈덕수용소' 이후 '뻑가'나 다른 유명한 익명의 플랫폼의 채널 또는 계정 운영자들의 신원을 밝혀내는 것도 운명적으로 또는 운좋게 성공하면서, 필자도 나름 미국의 디스커버리 제도, 우리나라의 사법공조 제도를 더 깊이 있게 연구하고 생각해 볼 경험치들이 생겼고, 이를 정리하여 기록으로 남겨야겠다는 생각을 하게 되었다. 물론, 개인적으로 느꼈던 표절 논란이나 편승에 대한 아쉬움도 여기에는 한 몫을 하기도 하였다.

이 책을 집필하는 데 있어 필요한 미국의 여러 디스커버리 결정례나 자료는 필자 개인적으로 수소문하거나 검색하여 찾아본 것도 많지만, 구체적인 자료들은 서울 와이어의 황대영 부장님, 그리고 필자와 지금도 계속해서 디스커버리 업무를 함께 수행하는 파트너인 카를로스 타이타노 미국 변호사의 도움을 많이 받았다. 이 자리를 빌려 두 분께도 감사를 표한다.

개인적으론 '탈덕수용소'나 '뻑가' 그리고 필자에 의해 신원이 밝혀지거나 법적 책임까지 인정된 분들께 어떤 사적인 감정을 갖고 있지 않음을 알려드리고 싶다. 필자의 의뢰인 또는 필자로 인하여 익명의 신원이 밝혀지거나 공개되어서 그 분들은 매우 불편했을 수도 있으나, 이는 주어진 법 테두리 내에서 시스템에 따라 이루어진 법적인 절차의 결과일 뿐이라는 것을 강조하고 싶다. 필자는 그저 묵묵히 의뢰받은 업무의 성공을 위해 열심히 일할 뿐이다. 한편, 익명성 뒤에 숨어서 표현의 자유를 누릴 수도 있지만, 그 표현에 대해 책임을 질 수도 있고, 그 책임을 지우기 위해 익명의 누군가를 '찾을 수 있는 권리'도 있다는 것을 말씀드리고 싶다. 나중에 책임이 인정되든, 인정이 안 되든, 그건 또 나중의 또 다른 법적 판단의 문제일 뿐이다.

끝으로, 이 책의 출간을 결정하고 예쁘게 편집, 출판해 주신 법률신문사의 여러 관계자분들께도 감사의 마음을 전달하면서, 이 책이 법률신문 기사에 나왔던 '표현의 책임'이란 주제를 다시 한 번 되새겨 보는 기회가 되었으면 하는 바람이다.

차례

1장   뻑가, 그는 누구인가?   13

  Ⅰ. 전쟁의 시작   15
    1. 페미니스트와의 전쟁   15
    2. 탈코르셋 운동가 김지연과의 전쟁   17
    3. 뻑가를 구글에 신고   21

  Ⅱ. 한국에서의 전쟁 - 김지연 v. 뻑가   23
    1. 김지연의 반격 - 민사 소송의 시작   23
    2. 민사 소장에 기재하여야 할 사항   25
    3. 성명불상자를 상대로 한 소송   29
    4. 신원파악을 위한 사실조회신청 또는
       문서제출명령신청   32
    5. 구글에 대한 사실조회 또는 문서제출명령   35

  Ⅲ. 미국에서의 전쟁 - 사법공조를 통한 신원확인 절차   45
    1. 사법공조   45
    2. 미국 내에서 사법공조 절차의 진행   55
    3. 촉탁서의 내용과 미국 내 사법공조 절차의 지연   60
    4. 뻑가의 이의와 속수무책   63
    5. 좌절 그리고 포기   65
    6. 다른 사법공조 진행 사건들   67
      (1) Meta를 상대로 한 사건-인스타그램 계정 아이디   67
      (2) Google을 상대로 한 사건-지메일 계정   70
      (3) 기타   72

  Ⅳ. 결어   73

사이버 렉카 전쟁
Cyber-Wrecker War

2장　드뎌, 탈덕수용소를 잡다　　79

Ⅰ. 또 다른 전쟁의 시작　　81
1. 선행 사건의 존재　　81
2. 후행 사건의 시작　　85
3. 형사절차의 한계　　89

Ⅱ. 소송으로 융단 폭격　　92
1. 다양한 소송 제기　　92
2. 다양한 입증신청과 사법공조 결과　　95
3. 개인 소송의 추가　　99

Ⅲ. 마지막 카드　　103
1. 미국 법원에서의 소송　　103
2. 디스커버리 절차와 subpoena　　108
3. Intel case와 판사의 재량　　112
4. 선행사건의 존재: 블라인드 사건　　121
5. 다른 디스커버리 사례들　　124
　(1) 퀄컴 사건　　125
　(2) 삼성바이오로직스 사건　　127
　(3) 메디톡스 사건　　128
　(4) 저작권 침해자에 대한 디스커버리　　129
6. 인용결정과 신원 특정의 절차　　130

Ⅳ. 언론보도　　136
1. 첫 번째 공식입장　　136
2. 두 번째 공식입장　　141

3. 세 번째 공식입장	145
4. 네 번째 공식 입장	150
5. 개인 언론인터뷰	153
(1) 코리아타임스	155
(2) 한국일보	158
(3) 아시아투데이	160
(4) 매일경제신문	162
(5) 동아일보	164
(6) 인터뷰 소감	165
V. 국내 법원의 사건 진행내용과 관련 판결	**170**
1. 당사자 신원의 특정	170
2. 신원정보 확인과 탈덕수용소의 반발	171
3. 탈덕수용소에 대한 민사판결	177
(1) 스타쉽과 장원영	177
(2) 강다니엘	181
(3) 빅히트와 BTS	183
4. 탈덕수용소에 대한 형사판결	184
VI. 결어	**188**

3장   중학교 7학년, 영원한 미제 사건?   191

I. 따라 한 전쟁	**193**
1. 시작부터 한계인 소송 - 카피캣	193
2. 언론보도와 소송의 공개	200
(1) 뉴욕타임즈	200
(2) 로이터즈	204
(3) 서울와이어	205
(4) 선데이저널 USA	206

Ⅱ. 계속되는 헛발질　　　　　　　　　207
1. 길티아카이브 사건　　　　　　207
2. 이슈피드, 숏차장 사건　　　　209
3. 절반의 성공, 절반의 실패　　　210

Ⅲ. 마구잡이식 소송　　　　　　　　213
1. 뭐든 가만두지 않는다　　　　　213
2. 뭐라도 건져야　　　　　　　　214

Ⅳ. 숨바꼭질　　　　　　　　　　　217
1. 신청 또 신청　　　　　　　　218
2. 계정 폐쇄 후 또 생성　　　　　221
3. 디스커버리 절차에서 구글 변호사의 출현　　224

4장　종전은 가능한가?　　　　　227

Ⅰ. 사이버 렉카의 책임　　　　　　　229
1. 민사책임　　　　　　　　　　229
2. 형사책임　　　　　　　　　　233

Ⅱ. 사이버 렉카의 수익 환수　　　　　235
1. 범죄수익 몰수　　　　　　　　235
2. 범죄수익 추징　　　　　　　　237

Ⅲ. 개선방향　　　　　　　　　　　239
1. 국내 지사의 협조　　　　　　239
2. 미국 본사의 협조　　　　　　243
3. 입법론　　　　　　　　　　　247

사이버 렉카 전쟁

국내 최초로 익명의 플랫폼 사용자의 신원을 확인한 변호사의 추적과 그 기록

Cyber-Wrecker War

1장

뻑가, 그는 누구인가?

Cyber-Wrecker War

I

전쟁의 시작

1. 페미니스트와의 전쟁

뻑가는 '안티 페미니스트(anti-feminist)'로 구독자 수를 늘리면서 성장한 대표적인 '사이버 렉카(cyber wrecker)[01]'다. 사이버

---

01 보통 교통사고가 나면 어디서 알았는지 렉카(wrecker)로 불리는 견인차들이 나타난다. 이와 유사하게, 온라인 공간인 사이버 상에서 이슈('교통사고')가 발생하면 렉카처럼 빠르게 나타나서 영상을 짜깁기하고 편집해서 그 이슈를 확대, 재생산하면서 조회수를 늘리는 유튜브 크리에이터를 이른바 '사이버 레카'라고 부른다. '사이버 레카'라고 쓰기도 하나, 본서에서는 발음의 편의상 사이버 렉카'로 쓰기로 한다. 얼굴을 드러내놓고 하기도 하나, 음성대역을 쓰기도 하고, 뉴스처럼 자막도 편집하기 때문에, 때로는 그것을 사실로 믿는 사람들도 생겨나고 해서, 그 파급력이 상당하다. 사이버 렉카로 취급받는 일부 유튜브 채널의 경우, 익명도 있고, 익명이 아닌 경우도 있다. '가정

렉카의 정의가 판결문에 등장한 것은 '탈덕수용소'에 대한 인천지방법원의 판결문이 처음이다. 여기서 법원은 "연예인이나 유명인에 관한 미확인 정보에 기초하여 사이버공간에서 논쟁적인 이슈가 발생하면 자극적이고 선정적인 이슈를 선정하여 짜깁기한 콘텐츠 등을 게시하여 공격 혹은 조롱하는 방식으로 이슈를 빠르게 견인하면서 조회수, 댓글수를 증가시켜 수익을 추구하는 유투버"라고 하였다.

뻑가는 '안티페미', '여혐', '젠더갈등' 동영상을 지속적으로 올렸는데, 트위치TV의 스트리머(streamer)였던 '잼미'는 뻑가의 계속된 저격으로 결국 사망에 이르렀다고 알려져 있다. 2022년 3월 15일 방송된 MBC 'PD수첩'에 따르면, 뻑가가

파괴범'을 영어로 'homewrecker'라고 하는데, 여기서 갖는 wrecker의 의미가 '사이버 렉카'의 의미에 조금 더 가까울 수도 있겠다(이른바 '사이버공간 파괴범'). 한편, '사이버 렉카'로 칭해지는 몇몇 유튜브 채널 운영자들이 '온라인 견인차 공제회'를 결성했다는 사실도 웃픈 현실이다.

페미니즘에 대해 올린 동영상은 전체 동영상의 약 32% 정도에 해당하고, 이와 같이 페미니즘에 대한 백래쉬(backlash[02])로 약 9억원의 수익을 올렸다고 한다.[03]

2. 탈코르셋 운동가 김지연과의 전쟁

'코르셋(corset)'이란 16세기 프랑스에서 등장하였다고 하는데, 여성의 허리를 강조하기 위하여 조이는 기능이 있는 속옷이다. 근세 유럽에서는 여성들이 아름다운 몸매를 유지하기 위하여 건강을 포기하고 허리를 극단적으로 조이는 기능이 있는 코르셋을 입고 다녔다고 하는데, 위와 같이 여성들이 몸매나 얼굴의 아름다움이나 미용에만 치중하는 것이 남성 중심 사회의 억압에 의한 것이므로, 위 코르셋을 벗(脫, 벗을 '탈')어 던짐으로써, 남성 중심의 사회에서 요구하는 여성상을 소멸시켜서 여성들이 사회적 억압에서 벗어나야 한다는 운동이 이른바 '탈코르셋 운

---

[02] 'back'은 '등'이고, 'lash'는 '채찍' 또는 '채찍으로 후려치는 것'이니, 'backlash'는 등짝을 후려치는 것, 즉, '반발'을 의미한다.

[03] 머니투데이, 전형주 기자, 2022년 3월 16일자, "故 잼미 저격한 '사이버렉카' 뻑가, 여혐 영상으로 9억 벌었다."

동(corset-free movement)'으로, 일종의 극단적 페미니즘(feminism)의 하나로 볼 수 있다.

김지연은 위 탈코르셋 운동의 중심에 있던 여성으로서, 어찌 보면 뻑가와의 충돌과 전쟁은 피치 못할 운명이었을지도 모른다. 뻑가에게는 좋은 먹잇감이었을테니까 말이다. 뻑가는 자신의 유튜브[04] 채널에서 김지연의 외모를 비하하거나 모욕 또는 조롱하는 듯한 명예훼손적 발언들을 하였고, 김지연은 뻑가에 대한 소송을 시작하게 된다. 김지연은 인터넷을 통하여 소송비용을 모금하고, 소송진행상황을 인터넷을 통해 공유하고, 결과까지도 공개하였으나, 소송을 취하한 후에는 모금된 후원금 중 남은 돈을 '한국여성인권플러스'에 기부하고, 유튜브채널 '자매의 독서록'은 더 이상 운영하지 않고 있는 것으로 보인다. 현재는 관련 자료들을 인터넷에서

---

04 Youtube를 '유튜브'라고도 읽기도 하나, 편의상 본서에서는 '유튜브'라고 쓴다.

찾기가 어렵다.[05] 김지연이 뻑가를 찾기 위한 소송과 노력이 미국 법원까지 가게 된 상황을 보도한 것이 미국 Sunday Journal USA의 2022년 6월 16일자 [핫스토리][06] 헤드라인이었다.

필자도 김지연의 뻑가에 대한 소송을 알게 되고, 위 소송과 관련된 자료들을 수집하게 된 계기가 바로 위 기사였다. 물론, 당시 '탈덕수용소'를 찾기 위하여 관련 선행자료와 사례를 찾고 수집, 검토하는 과정에서, 위 기사를 접하게 되었고, 그렇기 때문에, 당연히 위 소송의 진행추이와 결과에 대해 관심을 갖고 계속 지켜보게 되었고, 결국 소송 과정에서 관련 자료도 입수하게 되었다.

김지연측은 뻑가를 상대로 한 소송정보가 어느 과정에서 누군가에 의해 누출된 것으로 생각하는 것 같은데, 물론 그로 인한 극심한 스트레스는 충분히 이해가 가지만, 뻑가와 거대 권력과

---

05 https://www.instiz.net/pt/7377786 다만, 아직 이 주소에는 상세 진행 상황이 나와 있다. 민사 소송의 '소장'을 '고소장'이라고 하여 다소 헷갈린 측면은 있다. 소장 접수일도 실제와 차이가 난다.

06 https://sundayjournalusa.com/2022/06/16/88353/, [핫스토리] 인기유투버 '뻑가' 정체 논란 미국 법원 비화, '色다른 속사정'

I. 전쟁의 시작

의 유착은 지나친 비약이다. 국내에서는 사건번호와 당사자 이름, 관할법원을 알아야만(물론, 그것이 개인정보인지는 의문이다) 법원 인터넷을 통해 소송진행상황을 확인할 수 있지만, 일단 미국으로 사건이 가게 된 이상, 우리와는 사법제도가 다르기 때문에 특별히 비공개 명령이 없는 한, 사건번호나 당사자는 물론이고, 제출된 서면들은 모두 일반에게 공개되었다고 생각하면 된다. 뉴진스가 미국 연방지방법원 캘리포니아주 북부지방법원에 접수한 디스커버리 신청이 뉴욕타임즈(New York Times)에 의해 공개된 것이나 르세라핌이 제기한 디스커버리 신청이 로이터스(Reuters)에 의해 결정이 나기도 전에 기사화된 것을 생각해 보면 쉽게 알 수 있다.[07] 우리은행장 권광석의 디스커버리 소송이

---

[07] 뉴진스가 2024년 3월 27일 접수한 신청 내용이 2024년 4월 10일자 뉴욕타임즈 기사에 보도되었다. 필자는 그보다 전인 2024년 4월 1일에 이미 신청내용을 확인하였고, 다음 날 즉시 이에 따른 '조치'를 취하였다.

나 박진영, 장우영의 디스커버리 신청[08]도 같은 매체인 Sunday Journal USA에 의해 공개된 것도 우연이 아니다. 이에 대해서는 따로 논하기로 한다.

3. 뻑가를 구글에 신고

이처럼 문제가 있는 유튜브 동영상이나 채널에 대한 법적 조치를 취하기에 앞서 가장 쉽게 생각해 볼 수 있는 방법 중 하나는 바로 구글에 신고를 하는 방법일 것이다. 물론, 소송을 진행하면서도 시도해 볼 수 있는 것이나, 실제로 위와 같은 신고를 통해서 동영상이 삭제되거나 계정이 정지되는 경우는 상정하기 어렵다. 이른바 표현의 자유 때문이다. 김지연도 뻑가에 대한 소송을 제기하고 구글에 신고하였지만, 구글에서 돌아온 답변은 아래와 같았다.

---

[08] Sunday Journal USA, 2025년 2월 27일자 사회면, "[유명연예인 명예훼손 논란] JYP 박진영과 장진영(장우영의 오타)이 틱톡가입자 '명예훼손' 소송 전말"

안녕하세요

신고된 콘텐츠에서 YouTube 개인정보 보호 관련 가이드에 위반되는 내용을 확인하지 못했습니다. YouTube 개인정보 보호 관련 가이드에 대한 자세한 내용을 확인하려면 http://youtube.com/t/privacy_guidelines를 방문하세요. 문제의 콘텐츠를 제작한 크리에이터에게 직접 연락하여 문제를 해결해 보시기 바랍니다. 일부 사용자는 연락 가능한 방법을 자신의 채널에 공개합니다. 다른 사용자에게 연락하는 방법 자세히 알아보기

삭제 절차에 관한 자세한 내용은 다음 동영상을 확인하시기 바랍니다. http://goo.gl/Dt5ZDw

이 웹 양식을 사용해 다른 Google 제품에 등록된 콘텐츠 삭제 요청을 제출하실 수 있습니다.

감사합니다.

유튜브 법률지원팀의 김지연 신고에 대한 회신

구글에서는 뻑가의 김지연에 대한 동영상 콘텐츠가 유튜브 개인정보보호 가이드라인에 위반되지 않는다고 하고, 문제의 콘텐츠를 제작한 크리에이터에게 직접 연락하여 문제를 해결하라고 한다. 즉, 사적인 분쟁의 당사자들끼리 서로 해결하라고 하는데, 그 크리에이터의 신원정보를 구글에서 알려주지 않으면 분쟁을 해결할 방법이 없는데도 말이다.

II

한국에서의 전쟁
- 김지연 v. 뻑가[09]

1. 김지연의 반격 - 민사 소송의 시작

김지연은 2021년 9월 8일 서울중앙지방법원에 손해배상청구 소장을 접수한다. 뻑가의 불법행위로 인한 위자료 액수는 1,000만원으로 정했다. 소장에서는 3,000만원이라고 적었지만, 결국, 1,000만원으로 정한 것은, 소장에 기재된 금액에 따라 법

---

[09] 미국의 사건 표기처럼, 서로 대립되는 당사자 이름 사이에 v.를 넣었다. 'vi'로 읽거나 또는 'versus'로 읽으면 된다. 우리말로는 '대(對)'로 번역하면 될 것이다. 'versus'를 줄여서 'vs.'로 쓰기도 한다.

원에 납부하여야 하는 인지대도 개인 김지연에게는 부담이 되었을 것이라는 생각도 든다. 이렇게 어렵게 내디딘 발걸음을 되돌리는 데에는 약 2년의 시간이 걸렸다. 김지연은 2023년 6월 5일 소를 취하하였다. 소를 취하한 것은 결국 뻑가의 신상정보를 파악, 확인하는 것에 실패했다는 것을 의미한다.

보통 법원에 소(訴)가 접수되고 나면, 소를 취하할 때 피고의 동의가 필요하나, 위 사건에는 피고의 동의조차 필요하지 않았다. 왜냐 하면, 피고 이름은 그냥 '뻑가'였을 뿐이고, 실명이나 생년월일, 주소도 전혀 몰랐기 때문에 소장이 피고에게 송달된 적도 없고, 피고가 구체적으로 특정된 적도 없었기 때문이다. 동의를 받을 사람조차 아예 없었던 셈이니, 그냥 없었던 소송이 되고 만 것이다.

그러면 약 2년의 시간 동안 서울중앙지방법원에서는 무슨 일들이 벌어지고 있었던 것일까? 물론, 김지연은 뻑가를 상대로 형사고소도 하고 뻑가에 의해 박제된 콘텐츠의 게시금지를 구하는 가처분신청도 한 것으로 보이지만,[10] 가처분은 민사본안 소송과 역시 쟁점이 같을 것이므로(가처분 신청도 피신청인의 인적 정보를 모르니 역시 송달시킬 수가 없다), 이하에서는 민사 본안소송에서 진행된 신원확인 절차만을 살펴보기로 한다.

2. 민사 소장에 기재하여야 할 사항

민사소송법은 "소를 제기하려는 자(이를 '원고'라고 부른다)는 법원에 소장[11](訴狀)을 제출하여야 한다."고 규정하고 있고(제248조 제1항), 소장에는 당사자와 법정대리인, 청구취지와 청

10　톱스타뉴스, 유혜지 기자, 2022년 2월 15일자, "유투버 자매의 독서록, 뻑가 법적 대응⋯신상정보 특정 가능"

11　필자는 그동안 이 단어를 '소짱'이라고 읽어 왔는데, 어느 날 원고 의뢰인이 필자가 작성한 '소짱'을 받아 보고 나서 '소장'이 뭐냐고 물어보아서, 순간 그 동안 내가 잘못 발음해 왔나 하는 생각을 한 적이 있다. 한자 '狀'은 '형상'을 의미할 때는 '상'으로 읽고, '문서'를 의미할 때는 '장'으로 읽는데, 결국, '소장'은 '호소(呼訴)'하는 '문서(狀)'인 것이다. '장'의 한자에, '개 견(犬)'자가 오른쪽에 들어가 있는 것이 의미심장하다.

구원인을 적어야 하고(제249조 제1항),[12] 위 소장에는 준비서면에 관한 규정을 준용하는데(제249조 제2항), 준비서면에는 당사자의 성명과 주소를 적도록 되어 있다(제274조 제1항 제1호). 따라서 소를 제기하려는 자는 상대방(이를 '피고'라고 한다)의 이름과 주소만 적어서 내면 법원에 소장을 접수할 수 있고, 그 주소지로 소장을 송달시킴으로써 소송이 진행된다. 다만, 여기서의 이름은 가명이나 예명도 가능하고, 생년월일을 추가하여 특정할 수도 있으나, 결국에는 집행을 위해서라도 소송 진행 중에 실명 또는 본명, 즉, 주민등록표나 가족관계부의 법적인 이름을 기재하여야 하고 생년월일도 알아야 한다.[13] 또한, 주소가 주민센터에 전입신고된 주소인데, 송달이 되지 않았다면, 주소보정명령을

---

[12] 민사소송법 제208조 제1항의 판결서의 기재사항에 '당사자'를 적도록 되어 있는데, 여기서 '당사자'라는 것이 사람의 이름만 지칭하는 것으로 생각될 수 있으나, 통상적으로는 소장 기재사항과 같이 주소도 함께 기재하고 있다.

[13] 식약처에서 잡고 보니 '엄홍식'이 '유아인'이었다고 한 것처럼, 예명으로 활동하더라도, 결국은 본명으로 재판을 받아야 한다.

받아 피고의 주민등록초본을 발급받아서 피고의 최근 주소를 보정할 수 있고, 이 때 피고의 생년월일 확인도 가능해진다.

그런데 상대방의 이름과 주소를 몰라도 일단 소장을 법원에 접수시킬 수는 있다. 우리나라 법원은 당사자가 특정되지 않은 소장의 접수 자체를 막는 시스템은 아니기 때문이다. 따라서 김지연도 뻑가를 상대로 그렇게 한 것이다. 단지 '뻑가'라는 가명을 소송의 상대방인 피고의 이름에 적고, 그냥 접수한 것이다. 또는 그냥 '성명불상' 또는 '성명불상자'로 기재해서 소장을 작성해도 무방하다. 다만, 이렇게 접수가 되면, 법원에서는 보정명령을 내려서 당사자의 성명과 주소를 보정하도록 명하고(이하, '보정명령의 예시' 참조), 이에 대한 보정이 없을 경우, 그 소장은 각하될 수밖에 없다(민사소송법 제254조 제1항[14]). 따라서 위와 같은 보정이 불가능하게 되면 각하 당하느니 차라리 스스로 소를 취하하는 수밖에 없다.

---

[14] "① 소장이 제249조 제1항의 규정에 어긋나는 경우와 소장에 법률의 규정에 따른 인지를 붙이지 아니한 경우에는 재판장은 상당한 기간을 정하고, 그 기간 이내에 흠을 보정하도록 명하여야 한다. 재판장은 법원사무관 등으로 하여금 위 보정명령을 하게 할 수 있다. ② 원고가 제1항의 기간 이내에 흠을 보정하지 아니한 때에는 재판장은 명령으로 소장을 각하하여야 한다."

> 원고   귀하
> 이 명령을 송달받은 날부터 7일 안에 다음사항을 보정하시기 바랍니다.
>
> **보정할 사항**
> 1. 피고의 인적사항(성명, 주민등록번호, 주소 등)을 특정하시기 바랍니다(사실조회 또는 제출명령 등을 신청할 예정이라면 법원에 신청서를 제출하시기 바랍니다.)

법원의 보정명령 예시

위 보정명령에도 나와 있듯이, 피고의 인적사항을 특정하는 방법으로는 사실조회와 제출명령을 생각해 볼 수 있는데, 대표적인 방법으로는, 은행계좌가 있을 경우에는 금융기관에 사실조회신청이나 금융거래정보 제출명령신청을 하고, 전화번호를 알 경우에는 통신사에 사실조회신청이나 통신이용자정보 제출명령신청을 하는 것이 일반적이다. 기타 인터넷 등 접속 아이디나 IP주소를 아는 경우, 해당 인터넷 서비스 제공자에게 당해 아이디나 IP주소에 대한 가입자정보 등을 사실조회 또는 제출명령을 신청해 볼 수도 있다.

그러나 뻑가의 경우를 생각해 보면, 전화번호나 계좌번호 등 아무런 정보가 없으니 달리 무언가 신청해 볼 입증방법이 없다. 유튜브 아이디나 구글 지메일(Gmail) 아이디는 공개되어 있으니 알 수는 있지만, 유튜브는 국내 사업자가 제공하는 서비스가 아니고, 구글이라는 회사가 미국에 있으니, 어떻게 할 지가 막막한 것이다. 그렇다고 하여 구글코리아에서 정보를 주지도 않는다. 정말 막막한 소송인 것이다.

그러나 어찌되었든 김지연은 뻑가에 대한 소송을 시작하였고, 실패하였지만 그럼에도 불구하고 여러 모로 의미가 있는 시도였다고 생각한다.

3. 성명불상자를 상대로 한 소송

그래서 결국은 뻑가에 대한 소송은 '성명불상자(姓名不詳者)'를 상대로 한 소송일 수밖에 없다. "이름도 몰라요, 성도 몰라요"라는 어느 노래 가사처럼, 정말 아무것도 모르고, 자칭 가명만 알고 있으니, 위 '가명'을 적어서 소장을 작성하고 접수를 할 수밖에 없는 것이다. 물론, 어떤 때는 이름을 알아도 그 이름으로 대응되는 실제 사람과의 동일성이 문제가 되는 경우도 있을 수 있다.[15] 그러나 김춘수 시인의 "내가 그의 이름을 불러 주었을 때, 그는 나에게로 와서 꽃이 되었다."는 유명한 시구(詩句)처럼 이름을 모르고서는 아무것도 할 수가 없다. 그러나 또 한편으론 이름만 안다고 하여 소송이 잘 진행되는 것도 아니다.

실제로 필자는 과거 이제는 고인이 된 '가세연'의 김용호를 상대로 민사소송을 진행한 적이 있었는데, '김용호'라는 그 이름만 알고 생년월일과 주소를 몰라, 당시 기자로 재직 중이던 스포츠월드 주소지로 소장을 송달시킨 적이 있다. 그러나 소송 진행 중에도 김용호의 생년월일과 주소지를 알 수 없어서, 결국, 급여채권에 대한 가압류도 할 수 없었고, 1심에서 승소하였으나 강제집행도 할 수 없었던 적이 있었다. 나중에

---

[15] 예컨대, 동생이 형의 운전면허증을 갖고 다니면서 운전하는 경우, 이름과의 동일성이 문제될 수 있다.

김용호에 대한 다른 소송에서도 동일한 문제가 있었는데, 그 때는 스포츠월드도 퇴사한 때라, 이름만 알고 송달시킬 주소도 몰라 접수만 되어 있고 진행이 잘 되지 않았던 것이다. 그런데 다행히 김용호가 유튜브에 후원계좌를 올린 것이 있었는데, 그 계좌에 대한 사실조회신청 또는 금융거래정보 제출명령을 통해서 그 주소지를 확인할 수 있었다고 한다. 이처럼, 이름과 얼굴이 널리 알려져 있는 사람이라고 해서 그 주소나 생년월일을 쉽게 알 수 있는 것은 아니다.

그런데, 뻑가의 경우는 더 심하다. 얼굴도 제대로 모르고(사실 얼굴이 소송 진행에 필요한 요소는 아니다), 이름도 제대로 모르고, 그냥 검은 선글라스 낀 '누구' 또는 '어떤 30대(?) 남자' 정도로 추측할 수밖에 없다. 이런 성명불상자를 상대로 어떻게 소송을 진행할 수 있을까? 바로 여기에 익명의 사이버 렉카를 상대로 한 법적 조치의 한계 내지는 문제가 있다. 그리고 김지연의 소송은 결국 이 벽을 넘지 못하고 좌절하였다.

뻑가 유튜브 채널 캡쳐 사진

4. 신원파악을 위한 사실조회신청 또는 문서제출명령신청

우선, 가장 쉽고 편하게 생각해 볼 수 있는 것이 당사자와 어떤 관련이 있는 어느 곳에 신원(身元)이나 이용자, 가입자 정보를 조회해 보는 것이다. 그리고 그렇게 쉽게 떠오르는 기관은 바로 구글코리아일 것이다. 왜냐하면, 유튜브를 관리하는 회사는 미국의 구글인데, 미국까지는 우리나라의 재판관할권이 미치지 않으니(게다가 해외에 소재한 회사에게 법원을 통해서 어떤 문서를 보낸다는 것이 생각처럼 쉽지가 않다), 구글의 100% 국내 자회사인 구글코리아에 요청을 해 보면 되지 않을까 라는 생각이 제일 먼저 드는 것은 인지상정이고 재판을 담당하고 있는 재판부 또한 마찬가지이다. 실제로 그래서 먼저 구글코리아로 사실조회신청을 하는 경우가 많아 보인다. 그러나 구글코리아의 대답은 아래에서 보는 바와 같이 이미 정해져 있고, 구글코리아로 사실조회서가 오면 구글코리아는 동일한 대답을 계속 되풀이하고 있어, 무용한 절차라는 생각도 들어 때로는 이를 생략하거나 또는 다른 현실적인 방안을 생각해 내야 되지 않을까 하는 생각도 든다.

뻑가에 대한 사건에서는, 사실조회신청이 아닌 뻑가 계정에 대한 후원금 정산 서비스를 제공하는 업체에 대하여 문서제출명령신청을 하여 그 계좌정보 및 정산내역에 대하여 법원의 문서제출명령을 받았으나, 해당 업체의 답변은 구글처럼 반복적으로 동일하였다.

> 우편물 수령일(2022. 3. 15.) 기준 투네이션 서비스이용자 '뻑가(닉네임)', 'http://toon.at/donate/ppkka(링크)'와 연동된 계정의 이용자는 회원가입 후 당사 서비스인 투네이션의 후원금 정산처리를 위한 정보(신분증 사본 및 통장 사본 등)를 등록하지 아니하였습니다.
>
> 당사는 피고 '뻑가(닉네임)'의 최소한의 계정정보(접속 시 이용한 플랫폼, 접속 시 이용한 플랫폼의 아이디, 이메일, 닉네임)만을 소지중입니다.

법원의 문서제출명령에 대한 해당 업체의 회신 중 일부

물론, 그렇다고 하여 위 플랫폼 접속시 이용한 아이디, 이메일(구글 지메일일 것이므로), 닉네임만으로는 역시 뻑가의 신원을 특정하기는 어려울테고 사실조회요청이나 문서제출명령에 대해 소극적으로 응하는 제3자에게 이를 딱히 법으로 강제할 방법도 마땅치 않다. 이 대목에서 광범위한 증거수집을 허용하는 미국식 증거개시절차(디스커버리)의 도입논의가 있는 것이다. 증거가 당사자 중 일방이나 누군가에 편향적으로 집중, 지배되고 있을 때, 이에 접근할 수 있는 기회와 권한을 주어야만 입증책임을 지는 당사자가 원만하게 그 입증을 해 나갈 수 있기 때문이다.

들기로는, 별도로 진행된 뻑가에 대한 형사고소절차에서도 위 업체에 대한 압수수색을 시도하였으나 역시 유의미한 자료는 확보하지 못하였다고 한다. 필자 또한 뻑가를 상대로 한 또 다른 소송에서 위 업체에 사실조회신청을 하고 위 업체에 대해 연락도 취해 보았으나, 역시 이메일 정보 외에는 받지를 못했고, 실제로는 위 업체의 서비스를 전혀 이용하지 않았던 것같기도 한데, 업체의 진술에 대한 신빙성 문제가 있기는 하다.

5. 구글에 대한 사실조회 또는 문서제출명령

결국 그렇다면 유튜브 계정 가입과 관리를 하고 있는 구글에 대한 사실조회나 문서제출명령을 생각해 볼 수 있겠고, 가장 먼저 떠오르는 건 국내에 있는 구글코리아에 사실조회나 문서제출명령을 해 보는 것인데 구글코리아로부터는 아래와 같이 이미 정해진 동일한 답변을 받게 된다. 개인적으로는, 구글코리아의 입장이 바뀌거나 또는 다른 제도가 도입되기 전까지는 앞으로는 법원에서도 구글코리아로 신청을 먼저 해 보자는 제안은 불필요한 시간의 낭비 같은 생각이 든다. 물론, 계류 중인 그 사건 자체 내에서는 처음으로 시도해 보는 것이겠지만 말이다.

---

3. 구글코리아는 YouTube 서비스의 제공자가 아니어서, 위 서비스 내 채널 운영자의 신원에 대한 정보를 파악하고 확인할 수 있는 권한이 없습니다. 이에 구글코리아는 표제의 사실조회서에 따른 요청 사항을 이행하기 어려움을 양해하여 주시기를 부탁드립니다.

4. YouTube 서비스 관련 정보는 해당 서비스를 제공하는 Google LLC에 요청하셔야 합니다. Google LLC 관련 부서의 이메일 주소 및 Google LLC 의 주소는 다음과 같으니 이를 참고하시어 공문을 발송하여 주시기 바랍니다.
  - 이메일 주소 : internationalcivil@google.com
  - 주소: 1600 Amphitheatre Parkway, Mountain View. CA 94043, USA

구글코리아의 회신 내용 중 일부

그렇다면 구글코리아가 회신한대로 구글 본사인 Google, LLC에 요청을 하는 방법은 어떤 것이 있을까?

첫째, 사실조회요청서나 문서제출명령을 헤이그 송달협약[16]에 따라 그냥 소장 서류를 송달하는 것처럼 보내는 방법을 생각해 볼 수 있겠다. 그러나 우리나라 법원의 재판관할권 내에 있지 않은 외국의 회사에게 이를 보내는 것이 쉬운 일이 아니다. 누군가 과감하게 한 번 보내보면 좋으련만,[17] 일단 법원에서 이를 받아들이지 않을 것이다. 실제로 법원에서는 재판관할권이 없으므로, 구글 본사에 대한 문서제출명령신청을 각하한 사례가 있다.

> 설령 미국 구글 유한회사가 원고가 신청한 것과 같은 문서제출명령에 따르는 것에 동의한다고 하더라도, 외국법인에 대하여 강제적인 문서제출명령을 내리는 것이 대한민국 법원의 재판권이 미치는 범위 내에 있고 미국 법원의 재판권을 침해하지 않는 것이라고 보기 어렵다.

미국 구글 본사에 대한 문서제출명령신청을 각하한 이유

다만, 위 구글코리아의 회신에 따라 미국 구글 본사에 서류를 보

---

[16] 정식 명칭은 민사 또는 상사의 재판상 및 재판외 문서의 해외송달에 관한 협약(Convention on the Service Abroad of Judicial and Extrajudicial Documents in Civil and Commercial Matters)으로 우리나라는 2000년 1월 3일 가입하였다.

[17] 서울의 한 법원 중 이를 직접 구글에 송달한 것으로 보이는 사건진행내역이 있어, 그 소송을 수행했던 변호사에게 연락을 취해 알아보려고도 했으나, 회신을 받지 못하여 실제로 어떻게 진행되었는지는 확인할 방법이 없다.

내리는 시도에 대해 일단 구글 본사의 해당 이메일 주소로 먼저 보내 보자는 전향적인 생각을 가진 담당 재판부에 의해 필자는 구글 본사로 이메일을 보내 볼 수 있었고, 구글 본사로부터 아래와 같은 회신을 받았다.

> Google LLC cannot give legal advice. However, there are a variety of options you can explore to obtain the information requested. For instance, you may wish to follow the process outlined in Section 1782 of Title 28 of the United States Code, which is a federal statute that allows a litigant (party) to pursue a legal Proceeding outside the United States, and to apply to an American court to obtain evidence for use in the non-U.S. proceeding. You may invoke diplomatic procedures such as Hague Evidence Convention, which provides a mechanism for non-U.S. persons and entities who wish to obtain evidence in the U.S. to do so through the U.S. Department of Justice, Office of International Judicial Assistance in Washington, DC. Additionally, you can find more information about the Office of International Judicial Assistance at
> http://www.justice.gov/civil/office-international-judicial-assistance-3.

즉, 구글은 친절하게도 요청한 정보를 얻을 수 있는 다양한 방법이 있다고 하면서 이를 알려주었다. 첫째는, 미국 연방법률 제28장[18]의 제1782

18　미국 연방법률(U.S.C.: United States Code)의 제28장은 사법제도와 사법절차에 관한 규정들로서 연방사법제도를 규율한다. 그 중 파트 V.가 사법절차에 관한 것인데, 제1782조가 외국

조의 규정에 따라 절차를 진행해 볼 수 있고, 둘째는, 헤이그 증거협약[19]에 따라 미국 연방법무부를 통한 외교적 절차를 진행해 볼 수 있다는 것이다. 사실 위 두 가지 절차 외에는 달리 방법이 없고, 어찌 보면 위 두 가지는 동전의 앞, 뒷면과도 같아서 소송을 어떻게 진행하느냐하는 방법적 차이만 있을 수도 있다. 물론, 양자의 관계에 대해서는 앞으로도 연구가 더 필요하다고 생각한다.

특히, 동시에 국내 법원을 통한 헤이그 증거협약에 따른 사법공조절차와 직접 미국법원을 통한 증거개시절차를 진행하는 경우 양자의 관계에 대한 면밀한 검토가 필요하다고 보여진다. 뻑가 사건에서는 둘째 방법을 택해서 진행하다 실패를 한 것이고, 탈덕수용소 사건에서는 첫째 방법으로 결국 성공하였던 것이다(다만, 결국 뻑가도 나중에 필자가 첫 번째 방법을 통해 신원

에서 진행 중인 재판에 도움을 주는 절차이다. 미국의 연방법률은 의회에서 제정한 것이고, 미국의 연방기관들이 채택한 연방법령(C.F.R.: Code of Federal Regulation)과는 다르다.

19 헤이그 증거협약의 정식 명칭은 '민사 및 상사의 해외증거조사에 관한 협약(Convention of 18 March 1970 on the Taking of Evidence Abroad in Civil or Commercial Matters)'으로서 우리나라는 2009년 12월 7일 국회 본회의에 상정되어 가결되었고, 2010년 2월 12일 발효하였다.

을 확인할 수 있었다[20]). 구글이 회신한 내용 중에는 위와 같은 원칙적 내용 외에도 특별한 내용도 있었다.

즉, 구글은 "*Google may disclose certain user information in the absence of U. S. legal process if you can provide valid legal process for such disclosure under the laws of your jurisdiction, and if such disclosure can be made in compliance with U.S. law. We may accept an order signed by a judge or magistrate in your jurisdiction served to Google LLC.*"라고 회신하였는데, 이 문구에 의해 한국 법령의 타당한 법적 절차에 따른 공개명령이 있고, 그 공개명령이 미국 법에 위반되지 않는다면 판사가 서명한 그 명령이 구글에 송달되면, 구글이 그것을 받아들여서 사용자 정보를 공

---

20 스포츠경향, 이선명 기자, 2025년 2월 21일자, "입살인 쁵가, 결국 신상 털렸다… 30대 남성 박모씨"

개할 수도 있다는 것이다. 위에서 필자가 처음 언급한 것이 가능할 수도 있다는 생각을 구글도 하고 있었던 것이다.

이에 근거하여, 한국 법원의 문서제출명령을 구글에 그대로 송달해서, 사법공조나 미국 법원의 디스커버리 절차를 거치지 않고도 직접 사용자 정보를 받을 수 있을까 하는 기대를 하기도 했으나, 재판부는 이를 각하였다. 물론, 재판부마다 다를 수도 있으나 사법공조에 의한 증거조사촉탁신청을 하면 경우에 따라 빠르게 진행되는 재판부도 있지만, 아예 진행이 멈춰버리는 재판부도 있고(때로는 신청 자체를 불허하기도 한다), 이런 류의 사건들이 국내에서는 명예훼손, 모욕 등으로 인한 위자료 청구소송이다 보니 피해금이 소액이고, 소액사건 재판부에서는 해외송달 등의 업무를 꺼리는 경향도 있어 앞으로 이 부분이 개선되어야 할 과제라고 생각한다.

> 이 사건 기록에 나타난 제반 사정을 종합하여 보면, 미국 법인인 구글 유한회사가 원고가 신청한 것과 같은 내용의 문서제출명령신청에 따르겠다고 한 것인지는 의문일 뿐만 아니라 설령 구글 유한회사가 보낸 서면에서 문서제출명령에 동의하겠다는 취지의 기재가 있다 하더라도, 대한민국 법원이 그 재판권이 미치지 않는 미국 법인에 대하여 임의의 협조를 구하는 형태의 증거방법이 아닌 의무를 부과하는 형태의 그와 같은 (문서제출)명령을 할 수는 없고, 그것이 미국 법원의 재판권을 침해하지 않는 것이라고 볼 수도 없다. 항고인은 문서제출명령을 제3자에게 해외 송달하는 것은 강제력이 있다고 보기 어렵고, 따라서 미국 법원의 재판권을 침해하는 것으로 보기 어렵다는 취지로도 주장하나, 앞서와 같은 이유로 항고인의 위 주장은 받아들일 수 없다.

법원의 항고심 결정문 중 일부

뻑가 사건에서도 법원은 구글코리아 회신으로 뻑가의 인적 정보를 확인할 수 없게 되자, 어떤 식으로든 피고를 특정하라고 다시 보정명령을 내리면서 만약 피고 특정이 안 되면 소를 취하하든지 아니면 적절한 촉탁신청을 하여 이를 보정하라고 하였다. 즉, 여기서 말하는 적절한 촉탁신청은 사법공조에 의한 '증거조사촉탁신청'을 의미하는 것이다. 이에 따라 김지연측은 구글본사에 대한 사실조회신청을 하고, 이를 사법공조절차에 따라 미국에 증거조사촉탁을 요청하게 된다.

> **보정할 사항**
>
> 별첨한 사실조회회신 결과 피고의 인적사항을 알 수 없으므로 피고에게 송달가능한 주소를 보정하시고, 피고의 표시(주민등록번호, 주소 등)를 특정할 수 있는 자료를 제출하시기 바랍니다. 피고의 인적사항을 특정할 수 없다면, 소취하를 검토하거나, 적절한 촉탁신청을 통하여 소장을 보정하시기 바랍니다.

법원의 피고 특정에 대한 보정명령

결국, 사실조회서나 문서제출명령을 헤이그 송달협약에 의해 직접 송달하는 방식으로는 할 수가 없고, 헤이그 증거협약에 따라 미국으로 촉탁서를 보내는 방법밖에 없는 것이었다. 이것이 한국 법원을 통한 절차이고, 김지연측도 이제 마지막 남은 수단인 사법공조를 통한 신원확인절차에 돌입하게 된 것이다. 사법공조는 국가 대 국가의 협약에 의해 이루어지는 것이고, 또한, 문서를 영어로 번역해서 해외 송달을 하는 것이기 때문에, 자칫 형식적인 측면(formality)에 의해 시간이 길어질 수 있으므로 (재판부에 따라서는 공증을 요구하기도 하고, 요청하는 사항에 대해 제한을 가하기도 하면서 시간이 길어진다), 그 기재 사항에 대해 매우 신중하여야 하고, 꼼꼼하게 준비하여야 한다. 담당 재판부에서 받아들이는 절차[21]와 법원행정처에서 서류를 검토하는 그 시간적 절차만 단축시켜도 실제로는 몇 달이나 단축될텐데, 실무상으로는 국내에서만도 상당히 시간이 많이 걸리는 기분이다. 이하에서는 이에 대해 더 자세히 살펴보기로 한다.

---

[21] 증거조사촉탁신청을 해도 몇 달씩 담당 재판부에서 갖고 있는 경우가 있고, 어떤 경우는 이를 불허한 사례도 있다. 이것이 국내에서 신원확인을 위한 유일한 방법인데도 말이다. 필자는 이를 불허하고 사건을 방치한 재판부에 대해 결국 기피신청까지 하였다.

미국에서의 전쟁
- 사법공조를 통한 신원확인 절차

1. 사법공조

'공조'라는 영화에서 보듯이, '함께 돕는다(共助)'는 이 의미는 국가 대 국가간의 협조나 협력을 의미한다. 사법공조(judicial assistance)도 마찬가지다. 법상 사법공조란, "재판상 서류의 송달 또는 증거조사에 관한 국내절차의 외국에서의 수행 또는 외국절차의 국내에서의 수행을 위하여 행하는 법원 기타 공무소 등의 협조를 말한다(국제민사사법공조법 제2조 제1호)." 우리나라의 절차를 외국에서 수행하게 할 수도 있지만, 외국의 절차를 국내에서 수행하는 것도 포함된다.[22] 또한, 서류의 송달(헤이그 송달협약)도 공조사항에 포함되지만, 우리에게 필요한 것은 앞단(前文)에 있는 '증거조사에 관한 국내절차의 외국에서의 수행' (헤이그 증거협약)이다. 한편, 민사소송법은 "외국에서 시행할 증거조사는 그 나라에 주재하는 대한민국 대사·공사·영사 또는 그 나라의 관할 공공기관에 촉탁한다(제296조 제1항)."고 규정하고 있다. 여기서 미국으로 보내는 증거조사의 촉탁 공공기관은 미국 연방정부의 법무부(U.S. Department of Justice)이다.

필자도 과거 필리핀에서 공증인에 의해 작성된 서류의 진위가 문제된 국내 사건에서, 위 조항들을 이용하여 위 서류의 위조여부를 확인하기 위해 필리핀 법원으로 필리핀 공증인에 대한 증인

---

22 특히, 미국 법원에서 한국 법원으로 기일 전 증거개시명령을 촉탁함으로써 한국 법원과의 사법마찰을 발생시킬 수도 있다. 이에 관해서는, 사법정책연구원, "기일 전 증거개시로 인한 국제적 사법마찰의 해결에 관한 연구(2022년, 책임연구위원 김효정)" 참조.

신문을 국내 법원의 외국에서 시행할 증거조사로 신청하였으나, 판사가 매우 난색을 표명하였고,[23] 결국 당사자간 합의로 사건이 마무리되어 시행을 해 보지 못하고 끝난 적이 있어 매우 아쉬웠던 경험이 있다. 실제로 이 규정을 이용하여 외국에서 시행되는 증거조사가 얼마나 되는지도 궁금하다.

뻑가 사건에서도, 담당 재판부는 법원행정처를 통하여 '증거조사에 관한 헤이그협약(헤이그 증거협약)'을 이용한 촉탁서를 미국 연방법무부로 보내는 방법으로 증거조사를 시행하였다. 여기서 촉탁서라 하면, 영어로 'Letter of Request' 또는 'Letter Rogatory[24]'라고 하는데, 법원행정처를 통하여 외국에 증거조사 촉탁을 한 후 다시 법원행정처를 통하여 회신을 받아 담당 재판부까지 돌아오는 절차가 매우 오래 걸릴 수 있다.[25] 심지어

---

[23] 참고로, 훗날 이 담당 판사는 국회의원이 되었다.

[24] Rogatory의 뜻이 '심문하는'이니, '심문서' 정도가 될 것인데, 형용사인 rogatory가 명사인 letter의 앞이 아니라 뒤에서 수식하는 단어구조이다.

[25] 실제로 지방의 한 지원에서 구글 본사에 사실조회신청서를 제출하고 이를 사법공조를 통해 회신받기까지(물론 중간에 보정 등이 있긴 했지만), 1년이 넘게 걸린 사례가 있다. 사실조회신청서를 제출한 것이 2022년 6월 8일, 법원행정처 국제심의관실에게 사법공조 촉탁서류를 송달한 것이 2022년 10월 18일, 그리고 증거조사 회신서가 도착한 것이 2023년 9월 27일이었다. 인천지방법원에서는 이보다 더 오래 걸린 사건도 있었다.

담당 재판부와 법원행정처 간의 절차도 같은 국내의 사법시스템 내에 있지만 시간이 걸린다. 이 점에 있어서 사법공조에 의한 증거조사촉탁보다 미국의 연방지방법원에 직접 디스커버리 신청을 하는 것이 훨씬 더 빠를 수 있다. 뻑가 사건에서 김지연측이 신청한 사실조회신청도 촉탁서의 형태로 2021년 12월 31일 법원행정처 국제심의관 판사의 날인과 서명을 받아 미국 워싱턴 D.C.행 항공기에 몸을 싣고 드디어 미국 연방법무부를 향해 날아갔다. 2021년 9월 8일 소장이 접수되었으니, 근 4개월만에 국내에서 사실조회신청을 거듭하다가 최후의 수단으로 미국행을 택한 것이다. 다만, 2022년 3월과 10월에 반송과 회신을 걸치면서 시간이 지연되기도 하였으나, 최종적으로는 실패하고 만다.

한편, 우리나라에서 사법공조를 통해 미국에 증거조사촉탁을 한 사례가 뻑가 사건이 처음은 아니다. 과거 1970년대부터 일찍이 한 철강회사 대표의 외국환거래법위반 등 형사사건과 관련하여, 미국 법원에 그의 미국 캘리포니아 도쿄 은행의 금융기록에 대한 압수수색영장으로 증거조사 촉탁신청을 한 사례[26]가 있다. 당시는 대사관을 통해 미국 연방국무부로, 미국 연방국무부에서 다시 미국 연방법무부로 가는 절차를 밟았고, 미국 연방지방법원 캘리포니아주 북부지방법원의 결정에 대해 위 대표가 항소하여 미국 연방항소법원 제9회 순회법원[27]까지 갔다. 또한, 최근에도 구글(Google)이나 메타(Meta)의 이용자 정보를 얻기 위하여 사법공조에 따른 증거조사 촉탁절차가 진행된 건들이 몇 건 있다. 대체적으로 유명인 또는 인플루언서의 사생활 침해나 명예훼손과 관련된 것들이고,[28] 국내의 전체 사법공조 사

---

[26] 428 F. Supp. 109 (N.D. Cal. 1977). 미국 연방지방법원의 사례들은 Federal Supplement에 소개가 되기 때문에, 위 판례집 428권 109페이지에 있는 사건이라고 보면 된다. Federal Supplement는 West가 발간하는 상업적 판례집이다. West 자료를 보면, 이후 제1782조에 따른 디스커버리 절차를 이용한 건(헤이그 증거조사협약에 따른 사법공조와 직접 신청한 것을 모두 합하여) 수는 최근 필자가 탈덕수용소 신원확인에 성공한 이후 그 수가 급격히 증가하여 수십 건이 된다.

[27] 555 F.2d 720 (9th Cir 1977). 뒤의 괄호 안에 있는 것은 미국 연방항소법원 제9회 순회법원이 1977년에 내린 판결이라는 것을 의미한다. 그리고 미국 연방법원 항소법원의 사례들은 Federal Report에 소개가 되는데, F.2d는 Federal Report의 2번째 시리즈를 말한다. 앞의 555는 Federal Reporter라는 책의 두 번째 시리즈(2d)의 호(volume) 수를 말하고, 뒤의 720은 페이지를 말한다.

[28] 따라서 필자는 위 사건들의 진행경과 및 결정 등을 모두 검토하였으나, 따로 언급하지는 않기로 한다.

건을 보면, 미국 연방지방법원 캘리포니아주 북부지방법원뿐만 아니라 미국 내 텍사스주, 플로리다주, 인디애나주 등 다양한 지역에 분포되어 있으나, 역시 캘리포니아주가 압도적으로 많다. 다만, 전체 건 수가 1997년부터 2024년 6월경까지 약 47년간 10건 내외에 불과하다.[29]

이와 같이 국내에서 법원을 통해 이루어지는 증거조사촉탁은, 대체적으로 원고가 국내 민사 법원에 사실조회신청 또는 문서제출명령신청을 하면,[30] 위 내용을 촉탁서에 첨부하거나 기재하여 워싱턴 D.C.에 있는 미국 연방법무부로 보내고, 연방법무부는 관할 연방검찰청에 위임(delegate)한 다음, 연방검찰청이 관할 미국 연방법원에 증거개시신청을 하여 그 결정을 받

---

29 최근에 필자가 위 사법공조를 많이 이용하면서 사건 수는 매우 증가하였다.

30 다만, 이것이 꼭 선행되어야 하는지는 의문이다. 어차피 관할권 없는 회사에게 명하는 것이라고 각하될 신청인데 말이다.

아 구글에 subpoena[31]를 보내어서 정보를 취득하는 절차로 진행되고 있다.[32] 보통 연방 검찰청의 부검사[33](AUSA: Assistant U.S. Attorney[34])가 사법공조에 따른 증거개시신청 업무를 담당하는데, 이 때 'Memorandum(일종의 의견서나 준비서면으로 보면 되겠다)'을 작성, 제출한다. 직접 디스커버리 신청을 할 때 제출하는 신청서처럼, 위 Memorandum에는 미국 정부 입장에서

---

[31] 보통 증인이니 소송관계자일 경우 '출석요구서', '소환장'으로 번역되나, 문서나 기록 등에 대해서는 '문서제출명령(subpoena duces tectum)'으로 번역하는 것이 이해하기 쉽다. 필자도 그래서 언론인터뷰에서는 그냥 '정보공개명령'이라고 하였다. subpoena 자체가 라틴어에서 온 것이라 그 의미에 대한 설명이 매우 어렵다. 'sub'은 'under'의 의미, 'poena'는 'penalty'의 의미이니, 벌칙 아래에서, 즉, 위증의 벌을 받을 수 있다는 전제하에, 증언을 하고, 서류를 제출하라는 것이다. 결국, subpoena는 미국식 증거수집절차(디스커버리) 중의 하나라고 보면 된다. 한편, 존 그리샴의 소설 '소환장'은 'The Summons'의 번역으로 이는 법원에 당사자의 출석을 명하는 소환장(출석요구서 또는 소송안내서)을 의미한다.

[32] 예컨대, 최근 미국 증권거래위원회(SEC)가 미국 법원에 신청한 subpoena는 페이팔의 스테이블코인과 관련된 것으로, 이것이 페이팔에 송달되었다는 것은, 증권거래위원회가 페이팔로부터 그와 관련된 정보를 수집하고 있다는 것을 의미한다. 물론, 이후 증권거래위원회는 페이팔에 대해 법적 조치를 취할 수도 있지만, 그렇지 않을 수도 있다.

[33] 보통 Assistant Professor라고 하면 글자 뜻 그대로 조교수로 번역하는데, AUSA는 부검사로 번역되고 있다.

[34] 'U.S. Attorney'를 영어 그대로 직역하면, '미국 변호사'이다. 그러나 이는 미국 연방검찰을 지칭하고, U.S Attorney's Office (USAO)는 미국 연방검찰청을 말한다. 따라서 U.S. Attorney General (USAG)은 미국연방검찰청장으로 번역될 수 있는데, 바로 미국 연방법무부장관을 말하고, 연방검찰청을 관리한다. 한편, 연방 지방검찰은 'District Attorney(DA)'라고 한다.

보통 해당 명령이 내려져야 한다는 법적인 당위성을 설명하고 있다.

헤이그 증거협약에 따른 사법공조 사건은, 미국 연방법무부 내에서는 사건 번호에 '2022-F-53'과 같이 'F'를 중간에 넣고 있다. 헤이그 증거협약에 따른 사건명은 일반적인 'A v. B' (A 대 B) 형태 (adversarial system)가 아니라, 일방적(ex parte) 신청 사건이라서 'In re ~'로 시작된다.[35]

'In re'라고 씌어 있다고 하여 이를 어렵게 생각할 필요는 없다.

> ① 일단, 전치사 'in'과 'regarding'의 're'가 나란히 쓰여 마치 전치사가 동시에 두 개가 쓰인 것으로 생각해서 '~에 관하여'로 해석해도 되고,

---

[35] 미국의 가사 사건이나 파산 사건에서도 이와 같은 사건명이 등장한다.

② 아니면 'in regard(s) to(of)~(에 관하여)'라는 숙어에서 앞의 'in re'만을 따왔다고 봐도 된다.
③ 어원적으로, 're'는 라틴어에서 온 말로 '것', '물건(thing)'을 뜻한다고 하는데,[36]

결국, 뭐라해도 그냥 'in the matter of', 즉, '~에 관하여'라고 해석하면 된다.

주된 언어가 아닌 부수적인 문구에 시간을 허비할 필요는 없다. 따라서 라틴어가 들어가는 'In re' 대신에 'in the matter of'로 쓰는 예들도 있다. 예컨대, 김지연 사건의 미국 내에서 사법공조 사건명은 "In the matter of the request for judicial assistance from the Seoul Central District Court. In the matter of Ji Yeon Kim v. PPKKa" (김지연과 뻑가 사건에 관하여. 서울중앙지방법원으로부터 온 사법공조 신청 건에 관하여)"로 쓸 수 있다.

그러면 이제 구체적으로 사법공조에 따른 사건 이름을 예

---

36   따라서 라틴어로 ius in re는 물건(re)에 관한(in) 권리(ius), 즉, 물권이다.

로 들자면, 기본적으로 'In re: request for judicial assistance from the National Court Administration[37] of the Republic of Korea' (대한민국의 법원행정처로부터 온 사법공조 요청에 관하여)가 되겠고, 위 요청을 미국 정부가 수행하여 미국법원에 신청했기 때문에, United States' ex parte application for order pursuant 28 U.S.C §1782(a) (미국 정부의 연방법률 제28장 제1782조 (a)에 따른 일방적 신청 사건)이 되기도 한다.[38] 여기서 또 다시 라틴어 'ex parte'가 있는데, 'ex'가 'from'의 의미로서, '당사자 일방(parte)으로부터'라는 뜻이다. 따라서, 'in re ex parte application~'이라고 되어 있으면, '당사자 일방으로부터 신청된 ~에 관하여'라고 해석하면 되겠다. 우리나라 사법시스템에서 이를 이해하자면, 'ex parte'는 일방적으로 신청을 하는 보전

---

[37] 여기에 이렇게 법원행정처 이름을 쓰기도 하고, 사건 담당 법원인 'Seoul Central District Court'를 쓰기도 한다.

[38] 다만, 미국 정부와 구글 또는 메타와의 소송처럼 보아서 이를 U.S. v. Meta Platforms, Inc.로 표현하기도 한다.

처분(가압류, 가처분) 사건을 생각하면 되겠다.

따라서 'In re request for judicial assistance~'나 'In re ex parte application of United States~'로 나오는 사건명은 사법공조 사건이고, 'In re ex parte application of (신청인 이름)'이 나오면, 헤이그 증거협약을 통한 사법공조 사건이 아니라, 신청인이 직접 일방적으로 연방법률 제28장 제1782조 (a)에 따라 미국 법원에 신청한 디스커버리 신청 사건으로 보면 되겠다.

2. 미국 내에서 사법공조 절차의 진행

이렇게 촉탁서가 미국으로 출발한 2021년 12년 31일 이후 미국 내에서의 절차는 다소 지연된 감이 있다. 지연된 이유는 아래에서 다시 검토해 보기로 하고, 일단, 미국 내에서의 절차를 우선 살펴보면, 한국의 법원행정처에서 보내는 촉탁서는 헤이그 증거협약상 미국의 중앙당국(Central Authority), 즉, 미국 연방법무부로 가게 된다. 미국 연방법무부에서 이를 관할하는 부서는 '국제사법공조청(Office of International Judicial Assistance: OIJA as U.S. Central Authority)'이다. 국제사법공조청(OIJA)은 위와 같이 수령한 촉탁서를 관할 지역의 미국 연방검찰청(U.S. Attorney's Office: USAO)으로 보낸다(delegate). 미국 연방검찰(U.S. Attorneys)은 대통령이 임명하고 상원의 인준을 받아야 하는데, 각 연방 지역마다 연방검찰청이 따로 있고, 미국 연방검찰청은 법원에서 미국 정부를 대리하는 임무를 맡고 있는 연방법무부의 보조기관이다.[39] 따라서 헤이그 증거협약상 미국의 중앙당국인 미국 연방법무부의 국제사법공조청은 한국 법원으로부터 수령한 촉탁서를 구글 본사를 관할하는 미국 연방검찰청 캘리포니아주 북부지방청(U.S. Attorney's Office Northern District of California)으로 보내게 된다. 일반적으로 연방 부검사(Assistant U.S Attorney: AUSA)가 미국 정부가 당사자인 대부분의 미국 연방검찰청의 소송을 수행한다.

---

[39] 이는 우리나라에서도 국가를 당사자로 하는 소송에 관한 법률에서 법무부 장관이 국가를 대표하지만, 각급 검찰청의 검사가 소송 수행을 할 수 있는 것과 같은 이치이다.

뻑가 사건에서도, 미국 법무부의 국제사법공조청장은 2022년 2월 24일 한국의 법원행정처가 보낸 촉탁서를 잘 수령하였고, 위 촉탁서를 집행하기 위해 그 증거조사 업무를 미국 연방검찰청 캘리포니아주 북부지방청에 위임하였음을 한국의 법원행정처에게 통지한다. 또한, 위 촉탁서의 증거조사 업무를 수행하는 캘리포니아주 북부지방청 부검사(Assistant U.S. Attorney)는 2022년 5월 미국 연방지방법원 캘리포니아주 북부지방법원에 위 촉탁서를 집행하기 위한 증거개시절차 신청을 하였다. 보통 부검사는 위 신청을 하면서 Memorandum을 작성해서 법원에 제출한다. 일종의 신청경위를 설명하는 신청서나 의견서로 보면 된다. 이는 미국 연방법 제28장의 제1782조[40]에 따른 소환장(subpoena)[41]을 받기 위한 것이다. 위 부검사의 증거개시절차 신청은 2022년 7월 8일에 받아들여졌고, 부검사는 위 증거개시명령(subpoena)을 구글에 송달하였고, 구글 또한 뻑가에게 이를 통지하였다. 이를 다시 한번 도식화하면 다음과 같다.

---

[40] Title 28 U.S. Code §1782. 미국 연방법률의 제28장은 미국 연방 사법체계에 대한 것인데, 그 중 1782조가 외국에서의 사용할 증거를 미국 내에서 얻는 것에 대해 규정하고 있다.

[41] 사실 '소환장'보다는 '증거개시명령' 또는 '문서제출명령' 정도가 이해하기 쉽다.

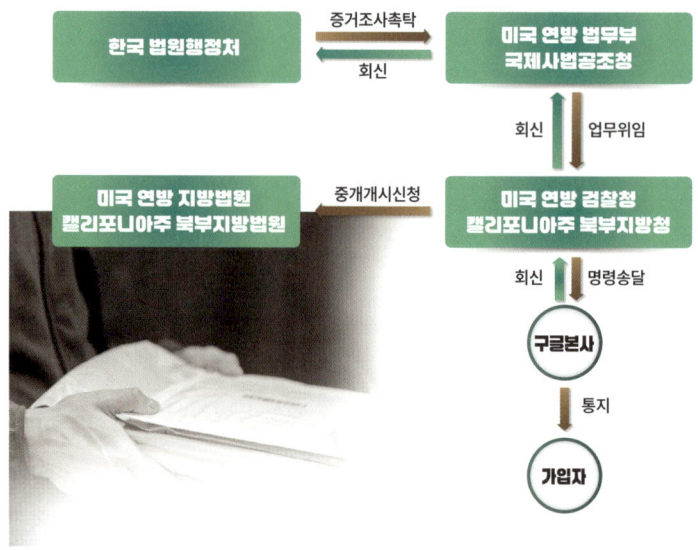

즉, 다시 말하면, 한국의 법원행정처가 미국의 워싱턴 D.C.에 있는 미국 연방법무부 내 국제사법공조청으로 촉탁서를 보내면, 국제사법공조청이 이 촉탁서를 미국 연방검찰청 캘리포니아주 북부지방청에 보내고, 북부지방청의 담당 부검사가 미합중국 국가를 대리하여 미국 연방지방법원 캘리포니아주 북부지방법원에 증거개시 신청을 하는 것이다. 이 점에 있어 탈덕수용소 사건과 다른 점은, 탈덕수용소 사건에서는 당사

자가 직접 관할 법원에 증거개시신청을 한 것이다.

헤이그 증거협약에 의한 신청과 당사자가 직접 미국 법원에 디스커버리 신청을 하는 것의 차이점을 표로 비교해 보면 다음과 같다.

구분	헤이그 증거조사협약	직접 신청
신청인	미국 정부/ 미국 연방검찰청 부검사	당사자 또는 이해관계인
미국 내 근거	28 U.S.C. §1782	28 U.S.C. §1782
본안소송	한국 내 계류된 소송과 이를 통한 사법공조절차로서, 한국 내 계류 중인 소송이 있어야 함	원칙적으로는 한국 내 민사 또는 형사 사건이 계류 중이지 않아도 무방하나, 실무상 계류 중인 것이 바람직함
소요기간	4-10개월 또는 그 이상. 보통 촉탁서 발송 후 법원행정처를 통해 회신을 받는 데까지 소요되는 시간	1-2개월 또는 그 이상. 신청서 접수 후 결정문 수령까지 걸리는 시간. 이후 구글을 통해 정보를 입수하는 시간이 추가로 더 소요됨
subpoena 송달	부검사	대리인
계정소유자의 이의신청	적절히 대응하기 어려움	신속한 대응가능

장단점	미국 정부가 당사자라서 신청을 하면 인용될 확률이 높다. 그러나 계정소유자의 이의시 적극적인 대응이 어려움	경우에 따라 판사의 재량에 의해 기각될 수도 있음. 계정소유자가 이의하더라도 신속하게 대응할 수 있음. 다만, 사법공조보다 비용이 증가될 수 있음
캘리포니아주 연방법원 이용 건수 (~2024)[42]	약 9건	약 9건

3. 촉탁서의 내용과 미국 내 사법공조 절차의 지연

미국 내 사법공조 절차는 예정대로 진행되고 있었다. 오히려, 연방검찰청 부검사(AUSA)는 촉탁서를 수령하고 나서 구글에 연락을 취하여서 미팅과 회의(meet and confer)[43]를 하였고, 구글 또한 구글 내부의 지침과 절차에 따라서 요

---

[42] 2024년 6월 기준으로, 한국에서 같은 본안 소송으로 사법공조 또는 직접 신청한 것도 따로 계산하였다.

[43] 디스커버리 절차에서 자주 등장하는 용어 중의 하나이다.

청하는 정보를 제공할 수 있도록 협조하겠다고도 하였다. 그런데 연방검찰청이 촉탁서를 수령한 2022년 2월 하순부터 연방법원에 증거개시신청을 한 2022년 5월까지 사이에 약 3개월의 기간이 촉탁서 보정으로 절차가 늦어졌다.

즉, 촉탁서에서 뻑가의 개인정보를 확인하여 당사자를 특정하기 위해 필요한 정보로 '유튜브 후원계좌, 주소, 전화번호 등 연락처'를 필요로 한다고 하면서, 여기에 후원 URL과 뻑가의 지메일(Gmail) 주소를 입력한 것이다. 그래서 구글은 연방 검찰청에 'Google identifier'를 보내달라고 요청하였고, 국제사법공조청은 2022년 3월 23일 법원행정처에 서신을 보내어서 뻑가의 유튜브 URL을 기입해서 2022년 4월 29일까지 국제사법공조청 이메일로 보내달라고 회신을 한다. 위 회신이 법원행정처에 도착하여 법원행정처도 2022년 4월 6일 보완요청서를 송부하고, 이에 대한 김지연측의 국문 및 영문 보정이 이루어진 것이 2023년 4월 15일이다.

어쨌든 여기까지는 순항하고 있는 것처럼 보였다. 국제사법공조청이 보낸 회신에서도 "Google will provide customer subscriber information relating to the Gmail account identified in *the Request.*"라고 하였으니 말이다. 그러나 정작 암초는 촉탁서의 기재 내용이나 절차상 문제가 아니었다. 바로 뻑가의 반대(objection)였다. 법원행정처는 2022년 10월 26일 서울중앙지방법원에 수탁국 중앙당국으로부터 증거조사요청이 반송되어 왔음을 알렸고, 그 사유는 계정소유자가 정보제공에 반대하기 때문에, 인터넷 서비스 제공자가 기록 공개를 위해서는 미국 법원의 명령이 필요하다는 것이었다. 이렇게 긴 여정은 마무리되었다. 결국 뻑가는 나중에 필자와 운명적으로 마주칠 수밖에 없었던 것일까. 필자는 나중에 사법공조로 실패한 뻑가의 신원을 미국 법원의 직접 명령을 받아 확인할 수 있었다. 그것은 바로 2025년 2월 7일이었으니, 뻑가와 김지연의 전쟁이 시작되고 나서 2년도 더 지나고 난 다음이었다.

4. 뻑가의 이의와 속수무책

미국 연방법무부의 국제사법공조청이 2022년 10월 12일 한국의 법원행정처로 보내는 서신을 보면, 계정소유자가 한국 법원이 요청하는 정보의 공개를 반대(objection)하기 때문에, 촉탁서를 반송한다는 내용이 있다. 그리고 위 서신에 첨부된 연방검찰청의 서신에는 그간의 경과를 쭉 서술해 놓고 있다. 즉, 부검사(Assistant United States Attorney: AUSA)가 정보개시명령(subpoena)을 받아서 구글에 송달까지 하였으나, 뻑가가 2022년 8월 9일경 미국 변호사[44]를 통해서 구글의 정보공개에 대해 반대하였다는 것이다. 그리고 뻑가 주장의 요지는, 뻑가가 유튜브 채널에 올린 비디오 동영상들은 미국 수정헌법상 표현의 자유에 의해 보호를 받는다는 것이고, 뻑가는 자신의 채널에 올린 동영상으로 인해 수없이 많은 살해 협박을 받고 있다는 것이었다.

---

[44] 다만, 위 미국 변호사는 한국 내에서 활동하는 것으로 보이는데, 수사기관이 한국의 메이저 로펌들도 압수수색하는 마당에, 뻑가의 신원확보를 위해 위 미국 변호사의 수임 관련 자료를 압수수색하는 것은 어떨까? 다만, 나중에 뻑가는 필자가 진행하는 디스커버리 사건에서는 익명(이른바, John Doe)으로 미국 법원에 이의신청 등 서류를 제출하였다. 그 이유는 위 미국 변호사가 집 주소와 사진이 공개되어 괴롭힘을 많이 당했다는 것이다.

통상 subpoena에 대한 이의신청은 'motion to quash'라고 한다. 'motion'은 법원에 '신청'하는 것을 말하고, 'quash'는 '파기하다, 진압하다'는 뜻을 갖고 있으니 발령된 명령(subpoena)을 파기해 달라는 신청을 하는 것이니까, 우리 법률 용어로는 '이의신청'에 해당한다고 볼 수 있겠다. 위와 같은 이의신청이 접수되면 법원은 다시 한번 당사자들의 주장과 증거를 검토해서 이를 받아들일지(granted) 또는 기각할지(denied)를 결정하게 된다. 이와 반대로, 디스커버리 요청에 제대로 따르지 않는 자에 대해서는 정보를 제공하라고 하거나 또는 제재를 가하는 명령을 내려 달라고 신청하는 것이 있는데, 이는 'motion to compel'이라고 한다. 우리말로는 강제명령신청 정도로 번역될 수 있겠다. 이렇게 위 절차에서 서로 다툼이 발생하는 경우에는 서로 motion(신청)을 하면서 절차가 늦어지기도 한다.

다만, 뻑가가 정식으로 법원에 'motion to

quash'까지는 하지 않은 것 같고, 단순히 'object'만 한 것으로 보이기는 하지만, 구글의 대리인 로펌에서도 2022년 8월 18일과 8월 30일 두 차례에 걸쳐 연방검찰청 부검사에게 이메일을 보내어서, 구글은 뻑가가 공식적으로 이의를 하였기 때문에, 정보를 제공할 수 없다고 하였고, 이는 법원의 명령에서도 허락된 것이라고 하였다. 연방검찰청은 촉탁서에 기재된 사항만으로는 뻑가의 주장에 대해서 반박할 수도 없었고, 따라서 연방법원에서도 자발적으로(voluntarily) 신청을 취하(dismissal)하는 것을 권고하였다.

5. 좌절 그리고 포기

여기까지가 한계였다. 사법공조를 통한 증거조사는 미국 정부, 즉, 연방검찰청이 당사자가 되어서 진행하는 것이라서 계정소유자의 이의에 대해서 직접적인 당사자처럼 더 적극적으로 대응을 할 수가 없다는 것이다. 물론, 미국 연방검찰청 부검사가 한국에서 진행되는 소송의 원고와 같은 위치일 수는 없겠지만, 아쉬운 점은 미국 연방검찰청에서 좀더 한국의 법원 또는 당사자와 직접적으로 소통하면서 계정소유자의 이의에 대해 좀더 적극적으로 대응을 하였으면 어땠을까 하는 바람이 있다.

결국, 미국에서도 이렇게 증거개시절차(문서제출명령신청)가 취하되고, 한국 법원에 제기된 민사 소송도 당사자 특정이 더 이상 되지 않아 취하를 할 수밖에 없는 상황이 되고 만 것이다. 이렇게 뻑가의 신원공개는 첫 번째에서는 실패하였고, 필자와의 운명적인 만남을 예고하고 있었다. 사실 필자는 여러 익명의 플랫폼 사용자들의 신원을 확인하는 데에 성공하였지만, 그 중에 제일 어려운 상대로 '뻑가'를 내심 지목하고 있었는데, 운 좋게도 뻑가의 신원마저도 필자에 의해 밝혀졌다.

6. 다른 사법공조 진행 사건들

(1) Meta를 상대로 한 사건-인스타그램 계정 아이디

사법공조로 인한 한계에도 불구하고, 사법공조를 통해 일정한 정보를 알아내는 데에 성공한 사례들이 있다. 이 사건은 구글을 상대로 한 것은 아니고, 인스타그램의 서비스 제공자인 메타(Meta Platforms, Inc.)를 상대로 한 것이었다. 공교롭게도 메타를 상대로 한 두 개의 사건은 같은 변호사에 의해 대리되고 있었는데, 그 중 하나의 사건을 살펴보자면, 4개의 인스타그램 계정에 대한 정보를 요구하고 있는 사건이다.

서울중앙지방법원에 2022년 10월 12일 피고 4명의 성명불상자를 상대로 한 소송을 제기한 후, 문서제출명령신청을 하고, 위 신청이 받아들여져서 법원은 위 명령을 2022월 11월 30일 촉탁서(Letter of Request) 형식으로 법원행정처로 보냈고, 법원행정처에 도달한 날이 2022년 12월 5일이었다. 이후 법원행정처는 헤이그 증거협약에 따라 미국 연방법무부로 보냈다. 미국 연방법무부의 국제사법공조청은 위 촉탁서를 미국 연방규정(C.F.R: Code of Federal Regulation)에 따라 다시 미국 연방검찰청 캘

리포니아주 북부지방청으로 보내었다. 위 북부지방청이 촉탁서를 집행하기 위해서는 28 U.S.C §1782에 따른 미국 연방법원의 명령을 받아야만 한다. 그리고 이것은 미국 정부가 당사자가 되는 소송이기 때문에 북부지방청의 부검사(AUSA)가 2023년 1월 17일 위 신청을 하여 2023년 3월 7일 인용명령을 받았고, 부검사가 subpoena(소환장 또는 정보개시명령)를 메타에 보내어 집행을 하였고, 결국 어떤 정보를 얻게 되었다. 사법공조 사건이지만, 비교적 절차는 빠르게 진행된 측면도 있다.

위와 같은 과정을 거쳐 헤이그 증거협약에 따른 회신서가 2023년 5월 30일 서울중앙지방법원에 도달되었으니, 법원에서 발송한 날을 기준으로 하면 정확히 6개월 정도 소요되었다(2022년 11월 30일 발송~2023년 5월 30일 도달). 위와 같이 취득한 정보를 토대로 원고는 그후 추가로 법원에 문서제출명령신청 등을 하여 당사자 특정을 할 수 있었다. 그러나 무슨 연유에서인지는 몰라도, 위 소는 취하되고 말았다(합의를 했을 수도 있고, 아니면 가짜 정보 내지는 허위정보일 수도 있겠다).

한편, 같은 변호사에 의해 대리된, 메타를 상대로 한 또 다른 사건은 진행 절차적인 측면에서 두 가지 점이 흥미로왔다. 첫째, 미국 연방검찰청 부검사가 메타에 직접 메일을 보내지 않고, 우선 2023년 7월 20일 메타의 외부 대리인인 로펌에 한국 법원행정처에서 온 촉탁서를 이메일로 보내어서 협조를 요청한 것이다. 그러나 구체적인 사건에서 위임권한을 받지 않은 로펌이 위와 같은 서류를 그대로 송달받을 리는 만무하다. 부검사는 해당 로펌에 2023년 8월 4일 다시 이메일을 보내어 협조를 요청하지만, 담당 변호사는 "~ *is not authorized to accept service on Meta's behalf for this request. Please send the letter to Meta's registered agent.*"라고 답변한다. 결국, 미국 내에서도 메타나 해당 외부 로펌의 자발적인 협조를 구하기는 어렵다. 바로 디스커버리 신청을 해야 한다. 이 사건에서는 담당 판사가 디스커버리 신청을 받아들이면서 논증한 그 인용 논리가 주목을 받기도 하였다.[45] 즉, 미국 국민이야 미국 국내에서든 국외에서든 표현의 자유(the First Amendment)에 따른 보호를

---

[45] 미국 UCLA 로스쿨 교수이자, First Amendment 전문가인 Eugene Volokh 교수가 운영하는 로블로그(law blog: The Volokh Conspiracy)에 위 판결에 대한 평석이 올라와 있다.

받겠지만, 외국 국민의 경우, 미국이 아닌 외국 국가에게 미국 국민에게 적용되는 표현의 자유가 반드시 적용되는 것은 아니라는 것이다. 따라서 메타는 정보제공을 하라는 것이다. 다만, 메타 가입자에게는 위 명령에 대해 얼마든지 불복할 수 있는 기회는 있으니까, 그렇다고 표현의 자유를 전적으로 침해한 것은 아니라는 것이다. 맞는 말이다.

(2) Google을 상대로 한 사건-지메일 계정

이 사건은 국내 지방의 한 지원에서 사법공조 신청을 한 사건이다.[46] 다른 사건들과 달리 미국 연방지방법원 캘리포니아주 북부지방법원 중 산호세 지원(San Jose Division)이 아니라 샌프란시스코 지원(San Francisco Division)에서 결정을 내렸다. 그리고 연방법원 판사(District

---

[46] 서울북부지방법원에서도 손해배상(지) 사건에서 지메일 계정에 대해 사법공조 신청을 한 사건이 있는데, 결국 피고 특정을 하지 못하고 취하하였다. 명예훼손 사건이 아닌 점이 다른 사건들과 좀 다르다.

Judge)가 아닌 Magistrate Judge[47]가 결정을 내렸다. 이 사건도 한국에서는 구글코리아에 문서제출명령을 한 번 보냈었고 그 회신내용에 별 내용이 없자, 구글 본사에 대한 사실조회신청을 한 후에 이것을 촉탁서 형식으로 하여 2022년 11월 30일 법원행정처로 보냈다. 법원행정처에서는 이를 2022년 12월 5일 받아서 2023년 1월 3일 미국으로 보냈고, 미국에서는 미국 연방검찰청의 부검사가 2023년 1월 23일 처음에는 구글에 위 한국 법원의 촉탁서를 보내어 자발적으로 정보[48]를 제공받으려고 했다. 그런데 구글에서는 미국 연방법원의 subpoena에 의해서만 정보를 제공할 수 있다고 하여, 부검사는 2023년 5월 23일 디스커버리 신청을 하였고, 2023일 7월 3일 인용결정을 내렸다. 그러나 그 인용결정에 따른 회신이 국내 지방의 지원에 도착한 것은 2023년 9월 27일이었고, 결국 회신된 내용에는 당사자를 특정할 수 있는 정보가 없었던 것으로 보이고 2023년 10월 11일 소는 취하되었다. 위 사건의 경우, 법원행정처로 증거

---

[47] 주로 한국에서는 '치안판사'로 번역을 하는데, 그냥 원문대로 실었다. 치안판사라고 하면, 치안감 등의 관련 용어 때문에 왠지 형사사건 담당 판사처럼 느껴진다. 이 사건에서는 구글과 미국 정부가 Magistrate Judge 관할에 동의하였기 때문에 별도로 관할권은 문제되지 않았다. 당사자가 직접 디스커버리 신청을 할 때에도 DJ 또는 MJ에 대한 의견서를 제출해야 한다.

[48] 촉탁서에는 특정한 구글 지메일 계정의 일정한 기간 동안 이를 이용한 사람의 이름, 성, 전화번호, 생년월일을 요청했다.

조사촉탁 서류를 보낸 날(2022년 11월 30일)과 법원행정처로부터 증거조사촉탁 회신서가 도달한 날(2023년 9월 27일)을 기준으로 하면 약 10개월 정도가 소요되었다.

(3) 기타

그밖에도 필자는 구글이나 메타가 아닌 틱톡(TikTok)과 트위터를 상대로 사법공조 절차를 진행한 바 있고, 유튜브 내에 댓글을 게시한 작성자들의 신원 파악을 위해 30명의 악플러들을 추려서 이들의 구글 계정에 대한 신원확인을 위해 사법공조절차를 통한 디스커버리 절차도 진행한 바 있다. 국내에서 진행된 사법공조 사건의 많은 부분을 필자가 수행하고 있으나, 여전히 사법공조 절차보다는 미국 법원에서 직접 수행하는 디스커버리 절차가 훨씬 효율적이고 신속하고 정확하다고 믿고 있다.

IV

결어

헤이그 증거협약이 도입된 이래 가장 최근까지 한국 법원행정처에서 미국으로 증거조사 촉탁을 보내는 사건 수를 보면 그리 많지는 않다. 그리고 이 사법공조 시스템을 이용한 사건 수로만 보면, 필자가 단골 고객인 것처럼 보인다. 왜냐 하면 탈덕수용소 사건 이후로 필자는 신원확인을 위해 미국 법원에 직접 디스커버리 신청을 하는 것과 별도로, 사법공조에 따른 증거조사 촉탁 신청도 많이 해 오고 있기 때문이다. 한편, 그만큼 제도의 활용도 측면에선 여전히 문턱이 있거나 잘 알려져 있지 않다는 의미로도 해석된다.

다만, 실제로는 사법공조에 따른 증거조사촉탁 절차는 사건을 담당하는 법원에서 법원행정처를 거쳐 미국 연방법무부에서 관할 연방검찰청과 연방법원 등까지 진행하는 절차의 기간과 다시 법원행정처를 거쳐 담당 법원까지 회신이 오는 기간이 결코 짧지 않다. 따라서 신속히 피고 당사자를 특정하고 싶은 원고에게는 너무나도 하 세월인 감이 있다.

실제 진행된 뻑가 사건에서 주요 일지로 보면 다음과 같고, 위에 언급된 다른 사례들과 비교해 보면, 통상 사법공조를 통해 소요되는 대략적인 시간의 범위를 가늠해 볼 수는 있겠다.

날짜	진행내역
2021. 9. 8.	소장 접수
2021. 12. 31.	법원행정처 촉탁서 발송
2022. 2. 24.	미국 연방 법무부, 촉탁서를 잘 수령하였음을 한국의 법원행정처로 발송
2022. 5.	미국 연방 검찰청 부검사 구글과 미팅
2022. 7. 8.	미국 연방법원 캘리포니아주 북부지방법원 증거개시신청 인용결정
2022. 8. 9.	뻑가의 이의신청
2022. 11. 1.	법원행정처, 헤이그 증거조사요청서 반송 제출
2023. 6. 5.	소 취하

사법공조 절차를 통한 한계는 계정소유자가 이의를 했을 경우인데, 이 경우 미국에서 더 이상 절차 진행이 되지 않았다는 점이다. 결국, 당사자가 직접 미국 법원에 디스커버리 신청을 했던 아래 '탈덕수용소' 사건이 주목을 받게 된 이유이다. 게다가 탈덕수용소 사건에선 명령이 빨리 나왔고, 따라서 그 이후 신원 특정도 빠른 편이었고, 한 번에 신원 특정이 된 건 아니지만 결

과는 정확했고(물론, 한국의 법원에서 추가적인 확인절차가 진행되긴 하였다), 계정이 삭제되었음에도 불구하고 신원을 확인할 수 있었다. 그러나 동일한 디스커버리 사건이었지만, 뉴진스 사건에서는 신청서류들을 베낄 정도로 성급했고 신청 사실이 뉴욕타임즈에 의해 쉽게 공개되었다. 그럼에도 불구하고 별다른 조치를 취하지 않았고, 결정이 나기 전에 계정이 삭제 또는 정지되어 버린데다가, 구글과 협조 과정에서 다시 재신청을 반복하면서 시간이 너무 소요되어 결국 최종적으로는 신원정보를 얻지 못해 당사자 특정에 실패한 것으로 보인다.

한편, 미국에서 직접 디스커버리 신청을 진행하면서 그와는 별도로 동시에 계류 중인 한국 법원의 사건에서 사법공조에 따른 증거조사촉탁절차를 같이 병행하는 경우도 있는데, 이 경우 미국 연방법원이나 또는 국제사법공조청에서 중복된 것을 알고 사법공조 절차를 더 이상 진행하지 않는 경우들도 있으므로 미국 연방법원에서 직접 디스커버리 절차를 진행하는 경우에는 한국 법원에서 별도로 사법공조 절차를 진행할 필요는 없어 보이기도 한다.

사이버 렉카 전쟁

국내 최초로 익명의 플랫폼 사용자의 신원을 확인한 변호사의 추적과 그 기록

Cyber-Wrecker War

2장

드뎌, 탈덕수용소를 잡다

Cyber-Wrecker War

I

또 다른 전쟁의 시작

1. 선행 사건의 존재

"하늘 아래 새로운 것은 없다."

결국은 누군가 먼저 시도하고 좌절을 하더라도 그것에 기초하여 그것을 참고하여 새로운 길이 열리게 마련이다. 탈덕수용소를 잡게 된 것도 결국은 위와 같이 뼉가를 상대로 진행해 봤던 사법공조 절차가 있었고, 인스타 계정에 대한 사법공조 절차도 있었으며, 또한 기존에 미국 법원에 직접 디스커버리 신청을 해 보았던 선례가 있었기에 가능한 것이었다. 필자 또한 사법공조를 수행했던 변호사들에게 직접 연락을 해서 어떤 정보를 얻었는지 도움을 요청하기도 했었기 때문이다.[49] 그리고 결국 이런 몸부림 끝에 직접 디스커버리 신청을 하는 방법을 찾게 되었고, 이를 이용하기에 이른 것이다. 그래서 언론 인터뷰에서도 탈덕수용소의 신원을 확인한 것은 마치 '콜럼버스의 달걀'과 같은 것이라고 하면서, 미국의 디스커버리 제도는 누구라도 이용할 수 있는 절차와 제도임을 강조했다. 그러나 그와 같은 달걀 깨기처럼 쉬운 것이라고 하더라도, 뒤에 디스커버리 신청을 진행하는 자가 선행 결과물을 그대로 카피해서 표절을 하라는 것까지 용인하는 것은 아니다.

탈덕수용소에 대한 법적 조치를 운운하는 사람

---

[49] 물론, 의뢰인과 변호사간의 비밀유지의무 등으로 인하여 유의미한 교류나 정보입수는 하지 못하였다.

들은 기존에도 있었다. 그만큼 탈덕수용소는 공공의 적이었다. 심지어 BTS의 뷔도 그런 언급을 하였고,[50] 탈덕수용소는 여기에 고무되기까지 하였다. 그리고 BTS 소속사 빅히트뮤직은 "장기간의 경찰 조사 끝에 피의자가 특정돼 최근 지방검찰청으로 송치됐음도 알려 드린다."고 까지 하여 마치 탈덕수용소의 신원이 특정된 것처럼 오해되기도 했다.[51] 물론, 의도했든 안 했든 기사가 과장되어 나갔을 수도 있다.

탈덕수용소에 대한 법적 조치를 처음 취한 사건이 어떤 것인지를 시간적으로 정확히 확인하긴 어렵지만, 그래도 법적인 조치로서 의미있는 것은 강다니엘이 제기한 형사고소 사건이었다고 판단한다.[52] 강다니엘을 대리한 필자는 2022년 7월 14일 서울서

---

[50] 디스패치, 구민지 기자, 2021년 12월 20일자, "뷔, 악성유튜버 법적 대응…'상처받은 사람들 대표해 고소'"

[51] 톱스타뉴스, 한수지 기자, 2022년 9월 29일자, "BTS측, '피의자 특정'…'탈덕수용소' 얼굴-신상 드러날까"

[52] 물론, 탈덕수용소의 정체가 밝혀진 후에, 빅히트 뮤직은 "2022년 탈덕수용소를 명예훼손 및 업무방해 혐의로 고소해 수사중지 결정을 받았다. 하지만 탈덕수용소 인적사항을 확보해 수사기관에 제공하는 등 적극적으로 수사재개를 요청했다."고 한다. 스타투데이, 진향희 기자, 2024년 6월 28일자, "BTS측, 단월드 연관설, 사재기 루머는 허위…탈덕수용소 추가 고소". 다만, 2022년 언제쯤 고소를 했는지는 명확치 않고, 탈덕수용소 인적사항 정보를 어떻게 확보했는지도 명확치는 않다.

초경찰서에 탈덕수용소를 명예훼손 등의 혐의로 고소하였고, 그로부터 1년쯤이 지난 후에 피의자 특정이 이루어져 2023년 7년 12일 수사재개요청서를 제출하였고, 탈덕수용소는 2023년 11월 13일 서울중앙지방법원에 벌금 300만원으로 약식기소가 되었다. 물론, 필자는 위 약식기소에 반대하면서 정식재판으로 진행해 달라고 요청서를 여러 번 제출하였고, 결국 탈덕수용소는 정식재판에 회부되어 재판에 출석할 수밖에 없었다. 탈덕수용소가 법정에 출석하는 장면은 디스패치에 의해 2024년 5월 27일 최초로 촬영된 바 있다.[53] 탈덕수용소는 강다니엘의 명예를 훼손한 혐의로 벌금 1,000만원에 처해졌고, 민사상으로는 3,000만원의 손해배상을 하기에 이르렀다.[54]

---

[53] https://www.youtube.com/watch?v=OEjV8oYe_ts 이 때만 해도 탈덕수용소는 분홍색 윗도리에 흰 치마를 입고 법원에 출석하였다. 물론, 가발과 안경, 마스크 등으로 가린 채였지만 말이다. 탈덕수용소의 실물이 처음으로 공개된 날이었다.

[54] 강다니엘의 3년간 여정에 대해서는, 일간스포츠, 2025년 3월 12일자, [심재걸 잡학사전], "사이버렉카와 전쟁, 험난했던 3년의 끝장승부"에 잘 나와 있다.

강다니엘의 고소든 그리고 다른 피해자들의 고소든, 결국 탈덕수용소의 피의자 특정이 이루어진 것은 아래에서 자세히 보는 바와 같이 서울서초경찰서나 다른 수사기관의 수사가 아닌, 스타쉽이 신청한 미국 법원에서의 디스커버리 절차를 통해서였다. 그렇기 때문에, 스타쉽도 민사소송을 계속해서 진행할 수 있었고, 장원영도 5,000만원의 손해배상판결을 받을 수 있었던 것이다. 그리고 이후 다른 피해자들의 추가 형사고소와 민사소송이 잇따랐고 성공할 수 있는 계기가 마련되었지만, 다른 피해자들은 필자와 스타쉽이 디스커버리를 통해 확보한 탈덕수용소의 신원을 그 이후에 어떻게 확인하였는지 사뭇 궁금하기도 하다.

2. 후행 사건의 시작

위와 같은 강다니엘의 형사고소 절차 이후에, 스타쉽의 법적 조치가 이어졌다. 스타쉽 또한 2022년 11월 1일 탈덕수용소를 상대로 한 민사 소송을 제기했고, 그 무렵 형사고소도 같이 이루어졌다. 어디서든 신원이 확인되면 민형사 책임을 모두 지게할 생각이었다. 물론, 스타쉽도 탈덕수용소가 올린 수많은 동영상 콘텐츠에 대해 유튜브(구글)에 삭제 요청을 먼저 하였다. 그리고 구글이 요청하는 형식에 맞추어서 다시 신고를 해도 해당 동영상은 역시 지워지지 않았다. 실제로 구글에 신고 또는 요청을 했을 때, 구글이 답변하는 예를 실제로 찾아보면 아래와 같다.

> **Google**
>
> 유튜브에서는 크게 '커뮤니티 가이드라인'이라는 유튜브 만의 정책, 그리고 '법적 정책"을 근거로 신고 및 검토를 진행하고 있습니다. 따라서 저희가 검토를 진행하기 위해서는 아래 형식으로 신고를 구성해주시면 감사하겠습니다.
> A비디오(비디오 아이디)의 몇분 몇초(부터 몇분 몇초까지의 구간 등)가 유튜브 커뮤니티 가이드라인의 '괴롭힘 및 사이버 폭력 정책'을 위반하는 것으로 판단되고, 판단하는 이유는 다음과 같습니다.
> 법적 정책의 경우에는 법적 근거를 따지게 되므로 구체적인 근거가 요구될 수 있습니다. 이 부분에 대해서는 채널 영상 중 명예 훼손이나 저작권 위반 입증이 가능한 영역이 있는지 검토 후 신고 시 요건을 충족한다면 법적 차단이 가능할 수 있습니다.

동영상 삭제 요청에 대한 구글의 답변

You Tube

요청하신 내용을 검토하였으나, 귀하의 명예훼손 신고에서 YouTube 법적 정책에 의거해 위반사항을 찾지 못하였습니다. 따라서 문제의 콘텐츠를 명예훼손 정책을 근거로 삭제할 수 없습니다.

문제의 콘텐츠를 업로드한 사용자에게 직접 연락하셔서 문제를 해결하시기 바랍니다. 일부 사용자는 연락가능한 방법을 자신의 채널에 공개합니다. **다른 사용자에게 연락하는 방법 자세히 알아보기.**

콘텐츠 크리에이터를 상대로 법적 조치를 취하여 콘텐츠 크리에이터에게 문제의 게시물 삭제를 요구하는 법원 명령이 있을 경우, YouTube에서는 이를 성실히 이행할 것입니다. 익명으로 업로드된 게시물의 경우에는 유효한 제3자 소환 또는 Google LLC를 상대로 한 기타 적절한 법적 절차에 의거해 사용자 정보를 제공해 드릴 수 있습니다.

유튜브 법률지원팀의 답변

You Tube

YouTube는 신고자를 명확히 식별할 수 있는 경우에만 명예훼손 신고를 검토합니다. 귀하의 이미지, 이름, 또는 기타 개인정보가 어디에 등장하는지 알려주시기 바랍니다. 동영상에 개인정보가 나오는 경우 해당 지점의 타임스탬프를 제공해 주세요.

이 정보를 알려주셔야 이후 단계를 진행할 수 있습니다.

내 이미지나 기타 개인 식별 정보가 동영상에 나타나는 경우 개인정보 침해 신고를 제출하시면 YouTube에서 요청 내용이 개인정보 보호 관련 가이드에 위반되는지 여부를 검토합니다. 문제의 개인정보 침해 신고 당사자, 법적 대리인 또는 법적 보호인이 직접 YouTube에 알려주셔야 합니다. YouTube에서 개인정보 보호요청을 검토할 수 있도록 특정 형식을 사용해 제출해 주시기 바랍니다.

YouTube 법률지원팀의 답변

신원이 알려지지 않은 계정의 콘텐츠에 대해서는, 그 콘텐츠의 게시금지를 구하면서 구글이나 구글코리아를 상대로 한 소송 제기도 생각해 볼 수 있으나, 이 역시 법적으로 쉬운 일은 아니다. 결과도 불확실한 상황에서 구글이라는 거대 기업을 상대로 국내에서 소송을 하는 것은 여러모로 부담스러운 일이기도 하다. 또한, 구글을 상대로 소송을 제기할 경우에는 역시 해외 송달 등을 이유로 절차가 한없이 늘어질 가능성이 크다. 그러나 한편으론, 플랫폼 사업자의 의무와 책임 등과 관련하여서는 방조책임 등을 물어 한 번 시도해 볼만한 소송일 수도 있다고 생각된다.

한편, 위 구글의 답변에서 제3자 소환(Subpoena) 등 법적 절차를 통한 사용자 정보를 확인할 수 있는 방법을 언급하고 있기는 하나, 그것이 정확히 미국 연방 법률 제28장 제1782조의 디스커버리 절차임을 파악해 내기는 매우 어렵고, 미국 내에서의 절차이기 때문에 그것을 시도해 보려고 생각해 내기도 쉽지 않은 일이다.

3. 형사절차의 한계

통상 유튜브 채널과 같이 익명의 운영자를 상대로 명예훼손 등의 고소를 하게 되면, 수사는 중단된다. 피고소인의 인적 사항을 확인해야 하는데, 구글 본사가 미국에 있으므로 수사권이 없다는 취지이다. 실제 사건에서 받은 경찰의 통지에도 다음과 같이 씌어 있다.

【 주요내용 】
- 유튜브(구글LLC)는 미국 법령에 따라 표현의 자유 영역에 포함되는 경우, 즉, 모욕, 명예훼손을 포함한 동일한 유형의 행위 태양을 가진 범죄(허위사실 유포 업무방해)에 대해서는 수사에 협조하지 않고 있으므로,
- 피의자를 특정할 단서가 없어, 추가 단서 발견 시까지 **수사중지**하였습니다.

즉, 구글이 수사에 협조하지 않으므로 피고소인을 특정할 단서가 없다는 것이다. 또 다른 사건에서도 이와 비슷한 취지로, "미국은 수정헌법에서 표현의 자유를 광범위하게 인정하고 있고, 명예훼손, 모욕행위를 범죄행위로 규정하지 아니하고 있고, 구글의 자료제공 정책도 이러한 법률원칙을 준수하므로, 명예훼손, 모욕 행위에 대해서는 특별한 사정이 없는 한 자료제공을 거절하고 있어, 영장집행이 불가하다."라고 수사중지

이유를 밝히고 있다.

그러나 과연 그럴까? 과거 '한남패치', '강남패치' 사건으로 사생활 침해 및 명예훼손이 문제된 사례에서 서울수서경찰서의 2016년 8월 29일자 브리핑 보도자료를 보면, "경찰은 디지털포렌식 및 통신수사로 접속 IP를 특정하고, 신속한 국제공조와 추적을 통해 검거하였다."고 하면서 "그동안 해외 SNS계정을 이용하면 검거되기 어렵다는 고정관념을 이 사건을 계기로 인식을 바꾸길 기대하며, 해외 SNS를 악용하여 특정인에 대한 사생활 침해성 글을 무분별하게 게재하는 사안에 대해 엄정히 대처해 나갈 것입니다."라고 하여, 당시 수사기관의 입장은 위 수사중지와는 사뭇 다른 입장임을 알 수 있다.

또는 그보다 더 전인 2010년경에는 가수 타블로에게 소위 학력위조에 대한 진실을 요구한다는 '타진요' 인터넷 카페를 만든 미국 시민권자에 대하여 범죄인 인도청구까지 하였고, 당시 3명의

카페 회원은 징역 10월로 법정구속되기까지 하였다.[55]

위 서울수서경찰서의 보도자료에서 주목을 끄는 대목은 바로 '신속한 국제공조와 추적'이다. 이것은 무엇을 말하는 걸까? 아마도 미국과 한국이 가입한 'Treaty of Mutual Legal Assistance in Criminal Matters'를 의미하는 것으로 보인다. 결국 위 협약을 통해서 형사사건에서는 상호 수사공조가 가능하여 조사를 할 수 있으므로, 이에 근거하여 신원을 파악한 것으로 보인다. 그러나 시간이 흘러 이제는 명예훼손이나 모욕이 다반사인 세상에 살고 있어서 그런지 몰라도, 위 협약을 이용하려는 시도는 없어 보인다. 우리가 국내에서 형사고소를 하고 미국 법원에 디스커버리 신청을 하면, 때로는 미국 법원이 위 협약을 근거로 하여 수사기관이 해야 할 일을 피해자가 직접 디스커버리 신청을 한다는 이유로 디스커버리 신청이 기각되기까지 하는데도 말이다.[56]

---

55 SBS, 한상우 기자, 2012년 7월 7일자, "타진요 3명 법정구속… 운영자 왓비즈는?"

56 하이브측이 신청했던 두 건의 디스커버리 신청이 모두 기각된 이유는, 형사고소된 사건은 수사기관이 신원을 조사할 수 있기 때문에, 피해자가 직접 신원확보를 위해 디스커버리 신청을 하는 것은 받아들일 수 없다는 것이었다. 스포츠경향, 이선명 기자, 2024년 7월 3일자, "BTS, 뉴진스 조롱확산에도 하이브 법적대응 연거푸 '물거품'"

I. 또 다른 전쟁의 시작

II

소송으로 융단 폭격

1. 다양한 소송 제기

탈덕수용소를 향한 소송은 한마디로 '투트랙(Two-Track)' 전략이었다.[57]

---

[57] 의도한 것은 아니었지만, 뻑가를 상대로 한 디스커버리 사건도 결국 두 건을 따로 진행하면서, 뻑가 소송에서도 일종의 투트랙 전략으로 뻑가의 신원을 밝히는 데에 성공하였다. 필자는 아마도 익명의 유튜버 중 신원을 밝히기 가장 어려운 상대로 '뻑가'를 생각하고 있었고, 실제 상담 문의도 없었던 것은 아니나, 결과적으로는 과즙세연이 나서서 성공하였고, 운이 좋았던 측면도 있다. 무턱대고 집단소송을 할 수 있는 상대는 아니라고 본다.

한국과 미국, 민사와 형사, 법인과 개인, 그리고 법인 스타쉽의 민사 소송도 두 개의 소송, 형사사건도 서울서초경찰서와 서울강남경찰서에 두 개의 고소 등. 투망식으로 진행을 해서 뭐라도 하나 걸리라는 마음이었다. 처음엔 스타쉽이 '탈덕수용소'와 박OO를 상대로 한 민사소송을 두 개로 나누어 시작했다. 이는 누가 사건을 담당하고, 담당하는 사람이 어떤 의지를 갖고 진행하느냐에 따라 결과도 달라질 수 있기 때문에, 최대한 가짓수와 경우의 수를 늘리려는 계획이었다.

모든 것이 치밀하게 준비되고 의도된 것도 있지만, 의도치 않게 전개되는 것이 또한 소송의 '병가지상사(兵家之常事)'였다.

우선, 당시 장원영이 미성년자였던 관계상 소속사인 스타쉽 법인을 원고 당사자로 하였다. 장원영에 대한 허위사실 적시로 인한 명예훼손이 곧 법인의 업무방해에 해당한다는 논리구성이었다. 물론, 법인에 대한 허위사실 적시 명예훼손도 있었다. 이렇게 해서 두 개의 민사 소송을 제기하였다. 하나는 '탈덕수용소'를 피고로 했고, 다른 하나는 인터넷에 알려진 탈덕수용소의 이름(박OO)을 피고로 했다. 물론, 그 이름이 실제 이름인지 알 수도 없었고, 이름만 알려졌지 주소[58]도, 생년월일도 모르기 때문에, 결국은 매한가지였다. 그러나 소송의 진행도 담당 재판부에 따라서는 달리 진행될 수도 있기 때문에, 두 개의 소송으로 만들었고 (어쩌면 중복제소일 수 있으나, 접수 당시에는 피고가 특정이 되지 않았으니, 피고의 이름만으로는 다른 소송이었다), 진행 전략도 달리 세웠다.

먼저, 탈덕수용소를 상대로 한 소송은 사법공조 절차에 초점을 두었고, 박씨 이름을 적은 소송은 인터넷에 알려진 정보의 확인 절차를 위주로 하였다.[59] 이를 위해 관련 기관에 많은 신청을

---

[58] 다만, 강다니엘측에서는 이 알려진 이름과 별도로 필자측에서 확인한 주소로써 탈덕수용소를 특정하여 민사소송을 제기하기도 하였다. 그러나 이렇게 해서 송달이 되어도, 탈덕수용소 운영자가 아니라고 하면 그 뿐이고, 실제로 위 민사소송에 박OO는 처음에 그렇게 대답하였다.

[59] 탈덕수용소는 기존에 인터넷 상에서 '박OO'이라는 이름으로 알려져 있었으나, 뻑가는 필자가 신원을 확인하기 전까지는 전혀 '박'자도 나온 바가 없었다. 그런데 주호민이 뻑가를 상대로 한 소송에서 어떻게 이름을 기재하였는지는 의문이다. 유튜브 채널 www.youtube.com/@로스트라다무스_007 참조.

하였지만 별 무소득이었다.[60] 이름도 흔한 성명이라 동명이인도 많이 있을 수 있었고, 도대체 이름만 갖고서는 소송 내에서 아무것도 할 수 있는 것이 없었다. 일종의 암중모색적 입증을 시도해 보기도 하였지만 개인정보보호라는 측면에서인지, 그러한 입증과 신청이 잘 받아들여지지도 않았고, 받아들여져서 시행되더라도 회신 내용도 주목할 만한 것이 없었다. 또한 그렇게 해서 박씨의 생년월일과 주소를 안다 한들, 박씨가 자신은 '탈덕수용소'의 운영자가 아니라고 하면 거기서 더 나아갈 수가 없었을 것이다. 박씨가 탈덕수용소의 운영자임을 입증해야 하는 입증책임은 원고에게 있으니까 말이다. 결국은 구글로부터 운영자 정보가 최종적으로는 필요할 수밖에 없는 대목이었다.

2. 다양한 입증신청과 사법공조 결과

한편, 탈덕수용소를 상대로 한 소송에서의 사법공조 절차는 더디게 진행되었다. 소장이 2022년 11월 3일 접수되었으나 구글

---

[60] 스타뉴스, 윤상근 기자, 2024년 1월 20일자, "사실조회 수십 건…장원영, 가짜뉴스 처단위한 굳건한 의지"로 표현하였다.

코리아에 사실조회를 하고, 서울서부지법과 서울서부지검, 빅히트뮤직 등에 사실조회를 하느라 늦어진 감도 있으나, 증거조사촉탁신청서를 네 번이나 제출하고 여러 차례 의견서를 제출하고 나서야 겨우 2023년 8월 1일 증거조사촉탁서를 법원행정처로 보낼 수 있었다. 소장 접수 후 10개월만에 미국에 갈 수 있었던 것이다. 그러나 물론, 이 때는 이미 미국 내에서 직접 디스커버리 절차를 이용하여 탈덕수용소의 신원이 확인된 뒤였다.

그러나 사법공조 절차가 어떻게 진행되는지를 보기 위해 위 소송에서의 사법공조 절차를 그대로 두었고(물론, 삭제 이후에 개설된 새로운 계정에 대한 정보요청도 추가로 포함하긴 하였다), 2024년 2월 26일 법원행정처로부터 온 증거조사촉탁 회신서의 내용은 우리가 요청한 계정은 이미 삭제되어 정보가 없다는 미국 연방법무부의 답변이었다. 이렇게 미국에 갔다가 돌아오기까지 약 6개월의 기간이 소요되었으나, 아무런 소득이 없었다.

특이한 점은 이미 직접 신청하여 정보공개명령을 이행하였기 때문인지는 몰라도(사법공조에 의한 디스커버리 신청과 직접 신청하는 디스커버리 신청 사이의 관계에 대해서는 좀더 법적인 검토가 필요할 것 같다), 미국 연방검찰청 캘리포니아주 북부지방청의 부검사가 2023년 12월 19일 구글의 담당자들에게 이메일을 보내어서 법원행정처로부터 온 촉탁서를 첨부하고는 "Please see the attached. I look forward to working with you again."이라고 한 것이다. 통상적으로는 관할 법원에 정보공개명령신청을 하여 그 명령(subpoena)을 구글로 송달시켜야 할 텐데, 그냥 이메일로 요청을 한 것이다.

그리고 구글로부터 답이 없자, 부검사는 다시 2024년 1월 5일과 1월 16일 구글에 각 이메일을 보내어서 "I am following up on this."라고 재차 문의하였고 구글은 2024년 1월 16일 드디어 답변을 한다. 이 때에도 구글은 협력할 의사가 있다고 하면서 'full URL(s)'을 요청한다. 뻑가 사건에서처럼 이 유튜브 주소가 identifier로서 매우 중요하니까 이 점을 놓치지 않도록 하여야 한다. 그리고 다음 날 부검사는 구글에게 '복붙(copy &

paste)'을 해서 두 개의 유튜브 계정[61]에 대한 가입자 정보와 빌링(billing) 정보를 요청한다. 그런데 구글은 또 다시 잠잠모드로 들어간다. 그래서 부검사는 2024년 1월 24일 구글에게 업데이트를 요청하고, 다음 날 구글은 위 유튜브 채널 정보를 찾을 수 없다고 회신한다. 탈덕수용소가 2023년 6월 23일 계정을 삭제했다면, 이미 7개월이 지났으니 구글도 탈퇴한 가입자의 개인정보를 무한히 보관할 수만은 없었을 것이다.

부검사는 2024년 1월 26일 미국 연방법무부의 국제사법공조청으로 위 결과를 보고하면서 사법공조 사건을 종결(close)하겠다고 한다. 그리고 미국 연방법무부는 2024년 2월 1일 한국의 법원행정처로 위 결과를 페덱스(Fedex)로 회신

---

61 필자는 탈덕수용소의 사과문 등장과 함께 나타난 또 다른 계정 '@ibdeogsuyongso' 계정에 대한 정보도 요청하였으나, 위 계정도 없어져 버린 것이다. 이후, 뉴진스의 '중학교 7학년' 사건에서도 이와 같이 계정의 삭제 또는 재생성 등 비슷한 패턴이 반복된 것으로 보인다.

한다. 이를 수령한 법원행정처는 2024년 2월 16일 담당 재판부로 위 결과를 송부한다. 사법공조를 통한 증거조사는 뻑가 사건처럼 그냥 아무런 성과 없이 막을 내렸고, 필자 또한 이후 위 사건의 소를 취하하고 마무리하였다. 이 사건을 취하한 후, 위와 같은 내막과 사정을 모르는 기자가 필자에게 연락을 해서 왜 소를 취하하였냐고 물어보기도 하였다. 그만큼 탈덕수용소 사건의 사건번호는 이미 다 알려져 있었고, 관심의 대상이었던 것이다.

3. 개인 소송의 추가

필자는 2023년 9월 하순경 스타쉽에 장원영 개인도 민사소송을 추가하자고 제안했다. 이제 탈덕수용소의 신원도 밝혀졌고, 직접적인 피해 당사자인 장원영을 뺄 이유는 없었고(이미 형사사건에서는 피해자로 고소가 되어 있었다), 이제는 미성년자도 아니었다.

2024년 6월 5일
Paris

결과적으로 이러한 제안과 새로운 소송 접수는 신의 한수였다. 2023년 10월 6일 추가로 장원영 개인의 소장이 서울중앙지방법원에 접수되었고, 탈덕수용소에게 2023년 11월 1일 송달되었다. 그로부터 한 달 뒤인 2023년 12월 1일 필자는 법원에 변론기일 지정신청서를 제출했고, 법원은 무변론 판결선고기일을 지정하여 탈덕수용소에게 송달하였으나 폐문부재로 탈덕수용소에게 송달이 안 되었다.

그러자 법원은 바로 송달간주를 해 버리고, 2023년 12월 21일 원고 승소 판결을 선고해 버렸다. 아마도 탈덕수용소는 여러 건의 소송이 계류 중이다 보니, 이것도 그 중의 하나라고 착각을 하고, 대응을 안 했을 수도 있다. 그리고 이 점에 있어 전략이 들어 맞은 셈이라고 볼 수 있다.

2024년 1월 17일 위 승소판결이 기사화되자 탈덕수용소는 그때서야 알았는지 항소장을 접수하였다. 그 이후는 1심에서 승소한 원고와 피고간의 일상적인 민사소송 절차일 뿐이다. 피고의 항소와 강제집행정지신청, 강제집행정지결정문 등등. 그런데 이것에 대해 재판부가 탈덕수용소의 입장을 받아들인 것이라고 볼 수 있냐고 물어보면, 그렇지 않다고 대답할 수 있겠다. 탈덕수용소는 강제집행을 막기 위해 의제자백으로 승소한 현금 1억원을 결국 공탁하였다. 그만큼 강제집행을 당할 다른 재산이 있었다는 의미일 수도 있고, 현금 1억원 정도는 공탁할 정도의 재력이 있다는 얘기일 수도 있다. 그 이후 항소심에서의 조정절차 회부 등에 대해서는 특별히 언급할 의미가 없다. 합의해서 끝이 날 사건이 아니었기 때문이다. 이러한 그저 통상적인 민사절차에 대한 설명을 하면서 그것이 기삿거리가 아니라고 해도, [단독] 또는 [직격인터뷰]라고 기사가 나오기도 했다.[62] 오는 전화들을 받으면서 사건에 대해 물으면 설명을 해 주었으나, 의도치 않게 자꾸 관련 기사가 나오고 그래서, 이 무렵 필자 개인적으로도 사건이 최종 끝날 때까지는 더 이상 언론 매체 인터뷰를 하지 말아야겠다는 생각이 들기도 하였다.

---

62 스타뉴스, 윤상근 기자, 2024년 3월 26일자, "장원영 변호인, '法, 탈덕수용소 조정회부?' 어차피 합의는 없다"[직격인터뷰]

III

마지막 카드

1. 미국 법원에서의 소송

관심을 갖고 지켜보던 뻑가 사건에서도 사법공조 절차를 통한 당사자 특정이 잘 안 되는 것 같아 보였고, 탈덕수용소를 상대로 한 소송에서는 아직 사법공조절차가 시작조차 하지 않았으며, 박00를 상대로 제기한 소송에서도 여러 금융기관과 통신사 등을 조회해 보았지만, 유의미한 결과가 나오지 않았다. 그런 와중에, 경찰 수사도 더 나아가지 못하고, 여전히 오리무중이었다. 나중에 알았지만, 경찰은 박00에게 연락하여 소환 등을 하려고 하였으나, 박00는 탈덕수용소의 운영자가 아니라고 부인하고 있었다. 한편, 사법공조 절차를 진행하고 있던 다른 변호사들에게도 전화와 이메일을 보내어, 실제 사법공조 절차가 어떻게 진행되었는지, 그 회신 내용은 어떠했는지, 구글이나 메타로부터 유의미한 정보를 입수했는지도 확인해 보려고 하였으나, 이 또한 쉽지가 않았다.

2023년으로 해를 넘기면서, 필자는 무언가 절차를 빠르게 진행해야 할 필요를 느꼈고, 탈덕수용소의 신원을 확인하기 위한 특단의 조치가 필요하다고 보았다. 탈덕수용소의 신원을 특정하지 못하고 진행하는 모든 사건들이 실패할 지도 모른다는 불안감이 엄습했다. 융단폭격식으로 여러 민형사 소송을 벌여 놓았지만, 뭐 하나 폭탄이 터지는 것이 없다니, 정말 심난한 상황이었다. 게다가 스타쉽도 팬들의 성화에 대해 어떤 결과를 내놓지 못해서, 필자 또한 안타깝고도 안절부절 못한 심정이었다.

이때, 긴 장마 끝에 오는 단비처럼, 경찰에서 우

연히 미국 법원에서 소송을 해서 신원정보를 확인한 사례가 있었다는 말을 스치듯 듣게 되었고, 미국에서의 소송방법이 있다는 것을 생각하게 되었다. 그리고 이러한 방법론에 대해서는 이미 구글 본사로부터 받은 회신에도 있는 내용이어서 알고 있었으나, 그런데 그 방법이 문제였다. 미국에서 어떻게 어떤 소송을 한다는 말인가? 구글을 상대로 소송을 제기해야 하는지, 아니면, 한국에서처럼 탈덕수용소라는 성명불상자를 상대로 미국 법원에도 소송을 제기하고,[63] 구글을 상대로 사실조회신청이나 문서송부촉탁신청을 해야 하는 것인지 판단이 안됐다. 도무지 소송의 형태에 대해서도 감을 잡을 수가 없었고, 미국에서 또 다시 소송을 제기한다면 국제적 중복제소의 문제나 관할권 문제가 있을 수도 있고 비싼 미국에서의 법률비용을 어떻게 감당해야 할 지도 난감했다. 그저 신원정보 하나 확인하는 데에 많은 법률비용을 지불해야 할 수도 있는 상황이 매우 난처했고, 이를 또 어떻게 의뢰인에게 설명해야 한다는 말인가?

---

[63] 미국에서도 성명불상자를 상대로, 또는 성명을 감추고 하는 소송을 할 수 있다. 이를 John Doe 소송이라고 하는데, 최근 논란이 되고 있고 우리가 잘 알고 있는 미국 연방대법원이 낙태를 금지한 텍사스주의 법을 위헌으로 판결한 Roe v. Wade 사건에서, 앞의 Roe는 John Doe처럼 익명으로 처리한 사건명이다.

필자는 캘리포니아주 로펌들에 연락을 해서 관련 문의를 하던 와중에 우연히 참고하라고 판결문 하나를 받게 되었고, 그것이 판을 바꾸는 계기가 되었다. 판결문을 읽으면서 이런 소송도 가능하겠구나라는 생각을 하게 되었다. 하지만, 판결문을 통해서 이러한 소송 형태가 가능하다고 하더라도, 미국 법원에 어떤 서류를 어떻게 접수해서 이런 판결을 받고 또한, 이렇게 받은 판결문을 구글에 어떻게 송달해서 구글로부터 어떤 정보를 어떻게 받을 수 있는지에 대해서는 판결문에도 나와 있지 않기 때문에 여전히 난감했다. 필자는 판결문을 계속해서 곰곰이 읽다가 그 소송을 수행한 변호사를 직접 찾아서 연락을 해 봐야겠다는 생각을 하게 되었다. 소송을 수행한 변호사가 미국 변호사일텐데, 사무실 주소가 일본으로 되어 있는 게 특이했다. 인터넷으로 미국 변호사의 이름을 검색하고, 그 미국 변호사의 로펌을 찾아서 문의 메일을 남겨 놓고, 여러 차례 이메일을 주고받고, 줌(Zoom)으로 영상통화를 하면서, 신원특정을 위한 미국의 디스커버리 제도에 대해 이해하기 시작했다. 결국 그 변호사를 만나기 위해 필자는 일본 도쿄까지 비행기를 타고 날아갔고, 실제로 구글로부터 어떤 정보를 얻게 되었는지를 미국 변호사로부터 듣고 보면서 이 디스커버리 절차에 대한 믿음을 갖게 된 것이다.

2023년 4월
With Taitano Esq.

물론, 그렇다고 필자의 개인적인 믿음을 의뢰인에게 설명하는 것은 또 다른 문제였다. 스타쉽도 신청하면 반드시 탈덕수용소의 신원정보를 얻을 수 있는 것인가에 대해서는 여전히 100% 확답을 할 수 없었다. 비용이 추가로 들어가서 문제가 아니라, 그 비용을 들여서 했을 경우 결과를 장담할 수 있냐는 것이었다. 그러나 누가 소송에서 결과를 100% 장담할 수 있단 말인가? 소송도 스스로 살아 움직이는 생물이라 변수라는 것이 항상 있기 마련인데…

2. 디스커버리 절차와 subpoena

미국의 '디스커버리' 제도는 증거개시절차, 증거수집절차 또는 증거조사절차[64]라고 불리는데, 당사자들에 의해 변론기일 전에 이루어지고, 광범위하게 이루어지는 특징이 있다. 따라서 증거가 어느 일방에게 편재되어 있을 경우, 증거수집이 어렵고 변론과 심리가 비효율적으로 공전되는 것을 막기 때문에, 그 효율성이 있다고 생각하여 우리나라에서도 그 도입이 논의되고 있다.[65] 디스커버리 제도의 대표적인 특징 중 하나는 바로 'deposition'[66]과 'subpoena'라고 볼 수

---

[64] 미국 법원의 증거조사실무에 대해서는 김원근 변호사가 법조신문에 오랜 동안 연재한 내용이 있다. '김원근 변호사의 미국법 실무', '미국법 실무와 판례해설' 등.

[65] 류호연, 민사소송절차 선진화를 위한 디스커버리 제도 도입에 관한 조사, 국회입법조사처, 2023년 12월 1일; 법조신문, 임혜령 기자, 2022년 11월 23일자, "[디스커버리 일문일답] 디스커버리 도입으로 국제경쟁력 향상…항소율도 크게 낮아질 것"(김원근 변호사 인터뷰)

[66] 우리 말로는 '법정외 증인신문'이라고 번역하면 쉽게 이해될 듯하다. 가끔 법정 영화를 보면, 로펌 사무실에서 이런 deposition이 이루어지는 것을 볼 수 있다.

있는데, 개인적으로는 우리나라 사법제도에도 위 두 가지 제도가 빨리 도입이 되었으면 하는 바람이다. 오히려 필자는 배심원제도보다는 이런 디스커버리 제도 절차가 법원의 부담을 덜어주고, 실체적 진실 발견에도 도움이 될 것이라고 생각한다. 그리고 그 숫자가 많아진 변호사들의 업무영역과 역할을 확장시키는 데에도 도움이 될 것이다.

여기서 'subpoena'가 바로 탈덕수용소의 신원을 확인하는 데에 결정적인 역할을 한 것이었다. 그 이유는 미국의 디스커버리 제도는 미국인만이 이용할 수 있는 것이 아니라 외국에서 진행되는 사법절차에서도 이용할 수 있는 '이상한 특징'을 갖고 있기 때문이다.[67] 이렇게 다소 이상한 제도였기 때문이었지는 몰라도, 우리나라에서 헤이그 증거협약에 의해서든, 또는 직접 신청하든, 이를 이용하고 있는 사건들의 수는 손으로 꼽을 수 있

---

67 *A curious quirk of our law is that American courts are not limited to American disputes. If foreign tribunals and parties to their proceedings need evidence from third parties located in the United States, they may take discovery of such evidence through a court-supervised procedure enacted by Congress.* 퀄컴 사건에 등장한 표현으로, 미국 법원의 판사들에게도 이 제도는 이상하게 느껴지는가 보다.

을 정도로 매우 적다.[68] 특히, 직접 신청에 의한 디스커버리는 필자 이전에는 매우 희귀할 정도였고, 그만큼 미국 변호사들도 이에 대한 경험이 거의 없었다. 필자 이후로 디스커버리 사건이 급증하기는 하였으나, 앞으로 적극적 활용과 깊은 연구가 요구되는 대목이기도 하다.[69]

이렇게 직접 신청하는 디스커버리 사건의 사건명(예컨대, 신청인을 필자의 이름으로 한다면)은 'In re ex parte application of Kyong Sok Chong for an order pursuant to 28 U.S.C §1782' (연방법률 제28장 제1782조에 따른 명령을 구하는 정경석의 일방적 신청에 관하여)가 되겠다. 또한, 미국 법원의 결정은 인용하면 'granting', 기각하면 'denying'이 되니까, 예컨대, 'Order

---

[68] 미국 전역으로 이용되는 건 수가 2024년 6월 현재까지 전체적으로 30건을 넘지 못한다.

[69] 필자가 '탈덕수용소'에 이어 '뻑가'까지 신원정보를 밝혀내는데 성공하자, 국내에서 1782조의 디스커버리 제도를 소개하는 글도 등장하였다. 법률신문, 이성경 변호사, 2025년 4월 9일자, "유투버 뻑가 사건이 보여준 새로운 온라인 명예훼손 대응"

Granting Application for Order pursuant to 28 U.S.C §1782' 는 인용된 것이다. 다만, 실제 스타쉽이 신청한 사건에서는 좀 더 축약해서, 중간에 신청 어쩌구 저쩌구 하는 부분을 빼고, 그 냥 'In re Starship Entertainment Co., Ltd.(스타쉽 건에 관하여)'라고 할 수도 있고, 그 인용결정도 '*Order Granting Ex Parte Application to Authorize Foreign Discovery*'(외국에서 디스커버리 제도 이용을 허락해 달라는 일방적 신청에 대한 인용명령) 라고 할 수도 있다. 한편, 기각한 다른 사건 이름을 보면, '*Order Denying Ex Parte Application For Order Permitting Subpoena Pursuant To 28 U.S.C. § 1782*'라고 되어 있어서 판사들마다 조금씩 쓰는 표현들이 다름을 알 수도 있다.

한편, 앞서 본 바와 같이, 헤이그 증거협약을 통한 사법공조 시스템을 이용하게 되면, 사건명은 '*In re ex parte request for international assistance from the Seoul Central District Court pursuant to order 28 U.S.C §1782*'와 같은 형태가 될테니, 이제는 사건명만 보아도, 그것이 헤이그 증거협약상 사법공조를 통한 신청인지, 아니면 직접 신청한 것인지 바로 구별이 될 것이다.

3. Intel case와 판사의 재량

그럼 이와 같이 외국의 법정에서 사용될 증거를 미국 법원의 디스커버리 제도를 통해 획득할 수 있는 이 제도에 대해 살펴볼 필요가 있다. 미국 연방법률 제28장의 제1782조의 제목은 '*Assistance to foreign and international tribunals and to litigants before such tribunals*'(외국 및 국제적인 재판소와 그 재판소의 소송당사자들에 대한 지원)이다. 우리와 직접적으로 관련이 되는 것은 제1782조의 (a)항이고, 그 원문은 다음과 같다.

The district court of the district in which a person resides or is found may order him to give his testimony or statement or to produce a document or other thing for use in a proceeding in a foreign or international tribunal, including criminal investigations conducted before formal accusation. The order may be made pursuant to a letter rogatory issued, or request made, by a foreign or international tribunal or upon the application of any interested person and may direct that the testimony or statement be given, or the document or other thing be produced, before a person appointed by the court. By virtue of his appointment, the person appointed has power to administer any necessary oath and take the testimony or statement. The order may prescribe the practice and procedure, which may be in whole or part the practice and procedure of the foreign country or the international tribunal, for taking the testimony or statement or producing the document or other thing. To the extent that the order does not prescribe otherwise, the testimony or statement shall be taken, and the document or other thing produced, in accordance with the Federal Rules of Civil Procedure.

A person may not be compelled to give his testimony or statement or to produce a document or other thing in violation of any legally applicable privilege.

미국 연방법률 제28장 제1782조 제(a)항의 원문

위 조문을 읽다 보면, 결국 디스커버리 요건은 다음과 같이 세 가지 법정 요건(statutory requirements)으로 추려질 것이다. 아마 요건사실의 분석에 익숙한 한국의 법조인들은 충분히 찾아낼 수 있다고 본다.

첫째, 증언이나 진술을 할 사람 또는 문서를 제출해야 할 사람에게 명령을 내리려고 할 때, 그 사람이 거주하거나(resides) 발견된(found) 지역의 관할 법원이어야 한다. *"the person from whom the discovery is sought 'resides or is found' in the district of the district court where the application is made."* 이른바 '신청대상자 요건'이라고 할 수 있겠다. 구글이나 메타는 미국 연방지방법원 캘리포니아주 북부지방법원에서 'found'되기 때문에, 이 요건은 특별히 문제되지 않는다. 다만, 개인간의 사건에서 위 요건이 문제된 사례가 있기도 하다.

둘째, 외국의(foreign) 또는 국제적인(international) 재판소(tribunal)의 절차에서 사용하기 위한 것이어야 한다. 여기에는 형사절차(criminal investigation)도 포함된다. *"the discovery is 'for use in a proceeding in a foreign or international tribunal.'"* 이른바 '이용목적요건'이라고 할 수 있겠다. 우리나라 법원이 'tribunal'에 속함은 의문의 여지가 없겠으나, 중재판정소, 공정거래위원회 등은 해당 여부에 대한 검토가 필요할 수 있다. 다만, 형사절차의 경우 최근 부정적인 사례가 등장하고 있음은 주목을 요한다.

셋째, 명령은 외국의 또는 국제적인 재판소가 요청 또는 발령한 촉탁서(letter rogatory)에 따르거나, 또는 이해관계인(any interested person)의 직접 신청에 따라 발령된다. *"the application is made by a foreign or international tribunal or 'any interested person.'"* 이른바 '신청인 요건'이라고 할 수 있겠다. 헤이그 증거협약에 따를 때에는 위 요건은 특별히 문제되지 않을 것이나, 당사자가 직접 신청할 경우에는 'interested person'에 해당하는지 여부가 문제될 수도 있을 것이다. 따라서 외국에서 소송이 계류 중일 필요는 없으나, 'interested person'임을 입증하기 위해

외국에서 소송을 제기할 수밖에 없는 대목이기도 하다.

미국의 각급 법원들도 위 조문에서 말하는 'interested person'의 범위나, 'tribunal'의 범위 등 여러 해석상 쟁점에 대해 의견이 불일치하였는데, 미국의 연방대법원이 Intel v. AMD 사건(2004년)[70]에서 이를 교통정리한 후에는, 거의 모든 사건에서 이른바 Intel factor를 검토하여 결정을 내리고 있고,[71] 위 Intel 사건 이후 제1782조의 이용이 훨씬 수월해져서 국제적인 주

---

70 정확한 인용명칭은 Intel Corp. v. Advanced Micro Devices, Inc., 542 U.S. 241 (2004)이다. 앞서 본 바와 같이 미국 연방항소법원의 사례 인용은 주로 F.2d 또는 F.3d 형식이었지만, 연방대법원 판례는 United States Supreme Court Reports에 소개가 되고, 이를 줄여서 'U.S.'라고 한다. 따라서 중간의 U.S.는 나라 이름이 아니라 대법원 판례집이라고 보면 된다. 2005년도에 시작된 또 다른 사건은 당사자의 이름만 앞뒤로 바뀐 것인데(Advanced Micro Devices, Inc. v. Intel Corp.), 이는 AMD와 Intel 사이의 반독점소송(a private antitrust lawsuit)으로 당사자들 사이에 합의로 종결되었다.

71 보통 디스커버리 결정문에 'Discretionary of Intel Factors' 등과 같은 제목의 목차가 들어간다.

목을 많이 받고 있다고 한다. 결국 탈덕수용소 사건도 따지고 보면, Intel 판결의 수혜라고 할 수도 있고, 위 사건 이후 국내의 다른 디스커버리 사건들을 촉발하였으니,[72] 그야말로 'leading case(선도적 사례)'라고 할 만하다.

Intel 사건은 AMD가 유럽에서 Intel을 상대로 EU의 반독점 집행위원회에 반독점소송을 제기한 후, 미국의 연방법원에 제 1782조에 근거하여 Intel과 관련된 문서의 제출을 명하는 디스커버리 신청을 한 사건이다. 즉, 유럽에 있는 AMD입장에서는 Intel의 내부 문서를 취득하기 위해 미국 법원에 디스커버리 신청을 한 것으로서, 애국적 관점에서 본다면 이를 받아들이기 어렵겠지만, 미국의 연방대법원은 여기서 의미 있는 판결을 설시하였다. 즉, 법원은 디스커버리 결정을 내림에 있어 다음과 같은 네 가지 요건을 고려하여야 한다고 한 것이다.

첫째, 디스커버리 절차를 추구하고자 하는 신청대상자가 외국 소송에서의 당사자인지 여부이다(*whether the "person*

---

[72] 탈덕수용소 사건 이후 이와 같은 직접적인 디스커버리 신청 사건 수는 2025년 3월 현재 거의 20건에 육박할 정도이고 앞으로도 계속 증가할 것으로 보인다. 그 중 12~13건 정도를 필자가 수행하였다.

from whom discovery is sought is a participant in the foreign proceeding."). 우리가 디스커버리 절차를 통해서 문서를 얻고자 하는 신청대상자인 구글은 한국 소송에서 당사자는 아니기 때문에, 이 요건은 특별히 문제될 것은 없다. 한국에서의 소송 상대방은 유튜브 채널 운영자이고, 구글은 소송의 상대방이 아니다.

둘째, 외국 재판소의 본질, 해외에서 진행되는 절차의 특성, 그리고 외국 정부나 법원 또는 기관이 미국 연방정부에 대한 사법공조를 받아들이고 있는지 여부이다 ("*the nature of the foreign tribunal, the character of the proceedings underway abroad, and the receptivity of the foreign government or the court or agency abroad to U.S. federal court judicial assistance.*"). 우리나라 법원은 미국의 디스커버리를 통한 사법공조를 받아들이고 있

기 때문에 이 점도 특별히 문제가 안 된다.

셋째, 디스커버리 신청이 외국에서의 증거수집에 대한 제한, 외국이나 미국의 다른 정책을 우회하려는 시도를 숨기기 위한 것인지 여부이다(whether the request "conceals an attempt to circumvent foreign proof-gathering restrictions or other policies of a foreign country or the United States" whether the request is "unduly intrusive or burdensome."). 우리나라에서는 디스커버리 신청 방법 외에는 적절하게 당사자 신원 특정을 위한 정보수집을 할 수 있는 방법이 사실상 없기 때문에, 이 또한 문제되지 않을 것이다. 다만, 법원에 소송이 계류 중인 경우 사법공조와의 관계, 형사절차가 진행 중인 경우 수사에 의한 신원정보 수집과의 관계는 계속적으로 연구 및 검토가 필요한 부분이다.

넷째, 디스커버리 신청이 부적절하게 포괄적이거나 또는 책임을 지우는지 여부(whether the request is "unduly intrusive or burdensome."). 이 부분은 요청하는 정보, 또는 수집하고자 하는 정보가 너무 포괄적일 때 문제될 수 있으므로,

정보제공을 요하는 정보의 범위와 관련하여 신중을 요하는 부분이다. 특히, 금융거래정보에 대해서는 일부 기각이 내려지는 경우들이 있다.

위와 같은 고려요소들을 감안하여 미국 연방법원 판사는 인용여부에 대하여 광범위한 재량권(discretion)을 갖고 있으므로, 위 요소들을 모두 충족시킨다고 생각해도 신청이 기각될 가능성도 있기 때문에, 아무리 인용률이 높다고 하더라도, 최종적으로 결과가 나올 때까지는 안심할 수 없고 신중을 요하게 되는 것이다.

한편, 디스커버리를 인용하기 위한 요건은 위와 같이 세 가지 법정 요건과 네 가지 고려요소라고 볼 수 있는데, 간혹, 미국 법원이 디스커버리 결정을 하면서 한국에서 문제된 명예훼손이나 모욕죄의 성립을 인정하였는지, 미국 법원과 한국 법원 간의 명예훼손 인정 범위에 대해 차이가 있는지 등에 대해 문의하거나 그 실체적 관계에 대해 관심을 갖는 경우들이 있다.[73] 미국 법원도 아예 명예훼손이나 모욕이 성립되지 않을 정도로 허무맹랑한 주장이라면 어떻게 할지 모르겠으나, 일단, 디스커버리 결정문에서는 이에 대한 판단을 하는 경우는 거의 없는 것으로 보인다. 디스커버리 신청을 할 때에는, 한국 법에 따른 적용요건과 이에 해당하는 사실과 증거자료, 관련 법리나 판례 등만 충실하게 설명하면 될 것으로 보인다.

4. 선행사건의 존재: 블라인드 사건

탈덕수용소 사건을 진행할 당시만 해도, 필자는 사법공조에 의해 진행되는 다른 사건들만 알고 있었고, 따라서 그 사건들의 진행상황을 체크하고 그 사건을 진행하는 변호사들로부터 '도움'을 얻고자 직접 연락을 취하기도 하였다. 그러나 이후 제

---

[73] 간혹, 표현의 자유를 보호하는 미국 법원이 인용한 이유는, 미국 법원이 미성년자 보호에 엄격하기 때문에, 미성년자인 장원영을 보호하기 위해 디스커버리 결정을 내렸다고 하는 글도 있으나, 위 디스커버리 사건의 신청인은 장원영이 아니라 스타쉽이었고, 신청서에는 미성년이라는 내용이 나와 있지 않았다. 미성년자들이 있는 뉴진스도 디스커버리 신청을 할 때에, 나이를 확인할 수 있는 절차는 없었다.

1782조 사건에 관심을 갖고 우리나라로부터 미국 법원에 진행된 사건들을 모두 확인하여 검토하는 와중에 필자보다 먼저 제1782조의 디스커버리 제도를 이용한 사례가 있음을 확인하였다. 다만 이는 유튜브나 인스타그램, 엑스(트위터) 등에 대한 것은 아니었고 종국적으로는 신청을 취하해서 결국 신원 확인까지는 안 된 것으로 보인다.

사건개요는 언론에 보도된 자료들을 보면,[74] 권광석 우리은행장의 사생활로 추정되는 사진이 블라인드에 게재된 후 은행장과 우리은행이 블라인드를 상대로 민사소송과 서울남대문경찰서에 형사고소를 하고, 미국 연방지방법원 캘리포니아주 북부지방법원에 2021년 4월 20일 디스커버리 신청을 한 것이다. 위 신청은 2021년 6월 28일 인용되었다. 신청 후 결정을 받기

---

[74] 머니S, 이남의 기자, 2021년 5월 10일자, [기자수첩] "권광석 우리은행장과 수 억원대 블라인드 소송" 등 참조.

까지는 약 2개월 정도 소요되었다. 그러나 블라인드를 운영하는 회사 팀블라인드(Teamblind Inc.)는 2021년 8월 5일 위 subpoena에 대해 이의신청(motion to quash)을 하였고, 2021년 10월 14일 줌(Zoom) 변론기일을 앞두고 있었는데, 우리은행측에서 2021년 10월 8일 신청을 취하하여 사건이 종결되었다.[75] 이 때 뻑가 사건을 보도했던 미국의 'Sunday Journal USA'가 다시 등장한다. 위 취하 후인 2021년 10월 28일 "'룸살롱의 남자' 권광석 우리은행장 갑자기 민형사 고소 취하한 '속사정'은?"이라는 제목으로 사회면 헤드라인으로 기사를 내보낸 것이다. 뻑가 사건처럼 Sunday Journal USA가 미국 사건의 진행내역과 한국 소송의 진행내역까지 여러 차례에 걸쳐 자세하게 보도를 한 것은 결코 우연이 아니다.

다만, 블라인드에 대한 위 디스커버리 소송을 끝까지 진행하여 승소를 하였다고 하더라도 그 이용자 정보를 획득할 수 있었을지는 의문이다. 왜냐하면, 블라인드는 가입시 그 이용자가 재직하는 회사 또는 기관 이메일을 통해 가입 신청자의 소속을 확인하기는

---

[75] 서울중앙지방법원에 2020년 3월 4일 팀블라인드를 상대로 접수한 소송도 2021년 10월 8일 취하하였다.

하지만, 이러한 이메일 정보는 암호화해서 복호화 불가능한 형태로 저장하고, 암호화 정보와 블라인드 내에서 이용되는 이용자의 닉네임 사이의 맵핑(mapping)도 불가능하여, 블라인드도 어떠한 게시글 작성자의 정보를 특정할 수 없다고 하여 국내 고소사건은 거의 모두 수사중지되고 있기 때문이다.[76] 따라서 미국 법원의 디스커버리 결정문을 팀블라인드에 송달하여도 비슷한 반응을 할 것으로 보이는데, 팀블라인드가 굳이 항소를 한 이유도 알 수 없다. 왜냐 하면 정보를 갖고 있지 않다면, 제출을 하지 않으면 그만이거나 또는 제출 자체가 할 수 없는 일이기 때문에, 강제로 집행도 할 수 없는 일이라고 생각하기 때문이다.

5. 다른 디스커버리 사례들

미국의 디스커버리 제도가 한국 법원에 활용되

---

76 국내의 유사한 플랫폼인 '김박사넷'도 같은 방식이라고 한다.

는 사례들은 탈덕수용소처럼 신원을 확인하기 위한 것보다는 전통적으로 지적재산권 소송에서 많이 활용되어 왔고, 따라서 관련 사례들도 적지 않다. 특히나 기술분쟁, 특허분쟁, 영업비밀 침해 분쟁이 있게 되면 그 증거수집을 위해 미국에서의 디스커버리 제도에 대한 활용도가 높아지고, 따라서 이러한 디스커버리 경험을 홍보하는 로펌들도 있다.

(1) 퀄컴 사건

국내에서 진행 중인 사건을 이유로 미국에 디스커버리를 신청한 사례 중 눈길을 끄는 것 중의 하나는 바로 퀄컴 사건이다. 미국 퀄컴사(Qualcomm Incorporated)는 한국의 공정거래위원회로부터 특허권 남용 등 불공정거래행위로 고발되었는데, 우선 공정거래위원회가 인용한 제3자 제출 자료에 대한 접근을 요청했으나 거부당했고, 이에 퀄컴사는 미국 캘리포니아주 회사인 애플사 등이 한국 공정거래위원회에 제출한 자료를 제출하라는 명령을 받고자 미국 연방법원 캘리포니아주 북부지방법원에 디스커버리 신청을 한 것이다.[77] 따라서 사

---

[77] 이 사건에서 삼성은 캘리포니아주에 resides하고 있지 않기 때문에, 캘리포니아주 북부지방법원은 관할권이 없다는 항변을 하였다.

건명은 자연스럽게 In re ex parte application of Qualcomm Incorporated.[78]가 될 것이다. 위 사건에서도 Intel factors가 자세하게 고려 및 검토되었고(아래 삼성바이오로직스 사건과 대조적이다), 결과적으로 퀄컴의 신청은 기각되었다 (*"The Intel factors strongly weigh against granting Qualcomm's requests for Section 1782 subpoenas. Qualcomm's applications are denied."*). 퀄컴은 공정거래위원회로부터 결국 1조원대의 과징금을 부과받았고, 이에 대해 서울고등법원에 취소소송을 제기하고 대법원까지 갔으나 최종적으로는 패소하였다.[79]

---

78 2016 WL 641700. Only the Westlaw citation is currently available.

79 이 사건에서 공정거래위원회를 대리한 법무법인 바른의 승소 사례는 법무법인 바른의 블로그 기사 참조. https://blog.naver.com/barunlaw7/223076838544, 역시 공동대리인 중 하나인 최승재 변호사의 인터뷰 기사는 중앙일보, 김정연 기자, 2023년 4월 20일자, "갑질로 1등 유지, 봐줄 수 없죠.' 퀄컴에 1조 안긴 男" 참조.

(2) 삼성바이오로직스 사건

이 사건은 다른 사건들과 달리, 미국 연방지방법원 델라웨어주 지방법원에 제기된 사건이다. 미국 뉴욕주 법인인 리제네론 회사가 삼성바이오로직스와 삼성바이오에피스를 상대로 국내에서 특허권 침해 소송을 제기한 후,[80] 미국 델라웨어주 법인인 바이오젠에게 디스커버리(문서제출명령)를 신청한 사건이다. 델라웨어주 법원은 아주 간단명료하게 위 신청을 인용하였다. "*This application satisfies all the requirements set forth in 28 U.S.C. §1782 and the factors set forth in Intel Corp. v. Advanced Micro Devices, Inc., 542 U.S. 241 (2004).*" 즉, 미국 연방법률이 요구하는 요건(statutory requirements)과 대법원 판례에 의해 요구되는 Intel factors를 모두 충족하였다는 것이다. 이처럼 간단명료하게 결론만 내려줘도 신청만 인용되면 특별히 불만이 없다.

---

[80] 한경Business, 김태림 기자, 2023년 5월 18일자, "삼성바이오, 미국 리제네론으로부터 특허소송 당해" 기사에 따르면, 리제네론이 국내 특허청에서 취득한 안과 질환-치료제(아일리아) 관련 일부 특허를 삼성바이오에피스가 개발 중인 복제약이 침해했다는 주장이다.

(3) 메디톡스 사건

일명 '보톡스 전쟁'으로 불리는 메디톡스(Medytox, Inc.)와 대웅제약 사이의 영업비밀침해금지 소송이다. 국내에서는 메디톡스가 대웅제약을 상대로 서울중앙지방법원에 위 소송을 제기하였고, 미국에서는 메디톡스가 대웅제약을 상대로 미국 연방 국제무역위원회(United States International Trade Committee)에 제소하였다. 그리고 메디톡스는 미국 연방지방법원 인디애나주 남부지방법원[81]에 메디톡스의 전 근로자였던(2004~2008년 근무) 박사를 상대로 데포지션(deposition)과 문서제출명령(subpoena)을 구하는 디스커버리 신청을 하였다. 메디톡스는 위 증거자료들이 위 한국 소송에 사용하기 위해서 필요하다고 하였고, 위 신청은 인용되었다.

---

[81] 물론, 이 박사를 상대로 한 형사고소도 하였다. 메디톡스가 이 박사를 상대로 캘리포니아주에서도 소송을 하였으나, 인적 관할권(personal jurisdiction)이 없다는 이유로 기각되었고, 인디애나주에서 디스커버리 신청을 한 이유는 이 박사가 인디애나주에 있는 퍼듀대학(Purdue University)에서 방문연구원으로 일하면서 대웅측과 긴밀하게 일하였다고 한다.

(4) 저작권 침해자에 대한 디스커버리

필자가 익명의 유튜브 채널 운영자의 신원확인에 성공함으로써, 이후 국내에서 미국의 디스커버리 절차를 이용하는 빈도가 높아지게 된 것은 사실이다. 그리고 이러한 디스커버리 제도에 대한 관심도 높아져서, 필자도 여러 차례 언론과 인터뷰를 하면서 이에 대한 설명을 하기도 하였다. 그럼에도 불구하고, 여전히 위 디스커버리 절차는 국내에 다소 생소하고, 그 절차에 대한 이해도 여전히 어렵다. 실제로, 이른바 '패스트무비'로 불리는 영화나 드라마를 요약, 정리, 편집해서 올리는 유튜브 채널 운영자들이 저작권 침해를 이유로 고소를 당하고 있으나, 유튜브 운영사인 구글의 비협조로 피의자 특정이 제대로 되지 않고 있다는 것이다.[82] 그러나 이 때에도 디스커버리 절차를 활용하면, 저작권 침해로 운영되는 유튜브 채널 운영자의 신원정보를 확인할 수 있고, 위 절차는 명예훼손이나 모욕을 기반으로 한 디스커버리 절차보다도 훨씬 간편하다. 아직까지는 익명의 사이버 렉카 채널에 대한 신원확인에만 초점이 맞춰져 있으나, 점차 저작권 침

---

[82] 동아일보, 전남혁, 최원영 기자, 2025년 4월 27일자, "드라마 1시간 몰아보기는 불법? 저작권자 고소에도 협조 않는 유튜브"

해 채널에 대한 신원확인 소송도 활성화될 것으로 보인다.[83]

6. 인용결정과 신원 특정의 절차

법원의 인용결정은 의외로 빨리 나왔다. 아마도 신속을 요하는 가처분 사건처럼 역대급 신속 결정이었을 것이다. 2023년 5월 22일 접수를 하였고, 2023년 5월 23일 담당 판사를 바꿔서 재배당 한 후, 2023년 5월 24일 결정이 내려졌으니, 그야말로 전광석화다. 하루만에 결정이 나온 것이나 마찬가지였다. 이에 대해 필자의 노력에 의해 그런 것이라고 과장할 수는 없다. 순전히 운이었다. 그러나 법원의 결정문을 받고 나서는 의외로 담담했다. 그렇다고 신원이 파악

83　다만, 서울북부지법에서 지식재산권 침해를 이유로 하여 성명불상자인 피고들의 신원을 파악하기 위해 gmail 계정 3개에 대한 사법공조가 이루어진 사례가 있었지만, 결국 신원특정에는 실패한 것으로 보인다.

된 것은 아니기 때문에, 이것만으론 아직 축배를 들기엔 일렀다. 법원의 결정을 쭉 읽다 보니, 하루만에 결정이 나와서 그런지 법원의 결정문에 한 가지 오타가 있었다. 한국 법원이 아닌 'Japanese Court'라고 한 것이다. 다만, 다른 사법공조 사건[84]에서도 미국 연방검찰청이 'Korean Court'를 'Taiwan Court'라고 잘못 쓴 것을 'Korean Court'로 선해(善解)한 것도 있으니("*The United States's memorandum states that the information and documents are sought by 'the Taiwan court,' but the court presumes, in light of every other statement in the application, memorandum, accompanying declaration, and proposed order that the United States means 'the Korean court.'*"), 탈덕수용소 결정문에 등장하는 'Japanese Court'도 'Korean Court'의 명백한 오기로서 애교로 봐 줄 수 있을 정도였다.

다만, 우리의 신청(application)을 인용(granting)하였으니, 이제 그 결정문을 어떻게 집행할 것인가? 구글에 이 결정문을 송달시키면 구글은 해당 명령에 따라 정보를 한꺼번에 다 주는 것인가? 구글

---

84 Malsaeng Co., Ltd. v. Kim 사건의 판결문에 등장하는 표현이다. 이건 사법공조에 따른 증거조사촉탁 사건인데, 2015년 사건이다. 구글에 신원정보보다는 앱 판매 등에 대한 정보를 요청한 사건이다.

로부터 오는 정보는 과연 어떤 내용들일까? 궁금하고 걱정되는 것이 한두 가지가 아니었다. 아직 갈 길이 먼데, 기차 티켓만을 들고 있는 셈이었다.

구글로부터 정보를 입수, 확인하는 과정 또한 만만치 않은 일이었다. 이미 필자가 몇몇 언론 인터뷰에서 밝힌 바와 같이 몇 차례를 거쳐서 계정 소유자의 정보를 확인할 수 있었고, 그것도 단계를 거치면서 최종적으로 신원을 확인할 수 있는 정보들이 늘었고, 최종적으로는 국내 법원에서 이름과 주소를 확인할 수 있었다. 이에 관해 날짜별로 표로써 정리를 해 보자면 다음과 같다. 물론 다른 디스커버리 사건에서도 이와 똑 같은 시간이 소요되는 것은 아니고, 여러 가지 변수들이 생길 수 있다. 참고로, 뻑가 사건의 진행경과도 같이 비교해 보기로 한다.[85]

---

85 위 두 사건을 통해, 두 사람의 나무위키 정보 중 이름과 연령이 대체적으로 구체화되었다.

날짜	진행경과
2022. 5. 22.	디스커버리 신청
2022. 5. 24.	미국 법원의 인용 결정
2022. 6. 23.	탈덕수용소 채널 삭제
2022. 7. 15.	구글로부터 1차 정보 수령
2022. 7. 22.	구글로부터 2차 정보 수령[86]
2022. 8. 7.	주민등록초본 확인
2022. 8. 8.	당사자표시정정
2022. 8. 30.	구글로부터 3차 정보 수령

탈덕수용소 디스커버리 경과

날짜	진행내역
2024. 11. 22.	디스커버리 신청
2024. 12. 19.	미국 법원의 인용 결정
2025. 2. 7.	구글로부터 정보 수령
2025. 2. 14.	주민등록초본 확인
2025. 2. 24.	당사자표시정정 신청

뻑가 사건 디스커버리 진행 경과

---

[86] 이 정보의 내용이 두 개의 이름과 두 개의 주소인 사실은 tvN의 2025년 4월 9일자 '유퀴즈' 방송(제288회)에서 처음 공개되었다.

익명의 성명불상자를 특정의 사람으로 변경하는 데 있어 선행적으로는 주민등록초본 등의 정보를 통한 대조작업이 있어야 하고, 그로써 최종적으로는 당사자표시정정신청서를 냄으로써 당사자 확정 및 특정이 가능하게 된다. 경우에 따라서는 피고가 여럿으로 특정이 되는 경우들도 있다.[87]

따라서 디스커버리를 통한 정보입수 못지 않게 국내에 진행 중인 민사 본안소송과의 관계도 매우 중요하고, 결국은 상호보완적인 절차를 통해서 당사자를 특정해 갈 수밖에 없다. 어찌되었든 탈덕수용소 계정은 구글이 탈덕수용소에게 subpoena 통지를 하고 나서 2023년 6월 23일경 삭제되었다. 결국, 들통이 날 것 같으니, 삭제해 버린 것인데,[88] 결과적으로는 들통이 났고, 나중

---

[87] 소장 접수 당시엔 피고 성명불상자 1인이었으나, 피고를 여러 명으로 당사자표시정정해도 피고의 추가 문제없이, 대체적으로 다 받아들여졌다.

[88] 다만, 운영자인 박OO는 해킹을 당했다고 주장하였다.

에 검찰에서 탈덕수용소의 노트북을 압수수색한 후 포렌식까지 해서 범죄의 증명까지도 완벽하게 확인했다고 본다.[89]

---

89 관할 검찰청인 인천지방검찰청의 수사는 추후 대검찰청에서 우수 수사사례로 선정되었다. 연합뉴스, 황윤기 기자 2024년 6월 26일자, "장원영 비난한, '탈덕수용소' 수사팀 대검 우수사례"

IV

언론보도

1. 첫 번째 공식입장

스타쉽의 탈덕수용소 관련 공식적인 입장이 처음 나온 것은 2023년 7월 25일이었다. 탈덕수용소 계정이 해킹당했느니 또는 삭제되었느니 하는 말이 나오던 무렵이었고, 구글로부터 아직 신원을 확실하게 특정할 정도의 정보가 나온 것은 아니라서, 단지 구글로부터 '유의미한 정보'를 입수하였다고만 하였다. 또한, 탈덕수용소의 사과문이라고 인터넷상에서 유포되는 것의 '진위 및 진의'[90] 여부와 무관하게 책임을 묻겠다고 한 것은 필자 나름의 라임(rhyme)이었다. 당시 보도자료 입장문에 '법무법인 리우(담당변호사 정경석)'를 명시하여 탈덕수용소를 상대로 한 민형사 소송과 해외에서의 소송을 진행하고 있음을 알렸다. 그러나 이 때까지만 해도 그다지 언론의 관심이 많았던 것은 아닌 것 같았다. 신원파악만으로는 약하다고 보았을 수도 있고, 아직 국내에서 무언가 책임을 지우는 판결이나 조치가 없어서 일 수도 있겠다. 미국 법원에서 진행된 사건번호나 명령까지도 언급을 할까 했지만, 그냥 관할 법원만 언급하는 정도에서만 그쳤고, subpoena와 같은 어려운 용어는 그냥 정보제공명령으로 풀어서 설명했고, 그것이 차라리 이해하기에도 편했다. 물론, 그럼에도 불구하고, 나중에 위 결정문까지 다운받아서 디스커버리 경위에 대해 다소 상세하게 설명을 하는 블로그들도 있었다.

---

90 경찰 수사 결과, 위 사과문의 작성자는 탈덕수용소가 아니라 다른 제3자로서 결국 가짜였다.

안녕하세요. 스타쉽엔터테인먼트입니다.
스타쉽엔터테인먼트 소속 아티스트의 권리침해 법적 대응 관련 안내를 드립니다.

당사는 온라인, SNS 상에서 유포되고 있는 소속 아티스트와 관련된 악의적인 비방, 허위 사실 유포, 인신공격성 게시물, 명예훼손 게시물과 악성 댓글 사례에 대해 법적으로 강경하게 대응해 오고 있습니다.

2022년 10월 고질적인 악플러들에 대한 고소를 진행, 징역 6월, 취업 제한, 성범죄 사이트 기재로 구형을 선고받게 한 바 있습니다. 2022년 11월부터는 법무법인 리우(담당 변호사 정경석)를 통하여 탈덕수용소를 상대로 한 민·형사 소송과 해외에서의 소송을 진행하고 있습니다.

2023년 5월 미국 법원(US DISTRICT COURT FOR THE NORTHERN DISTRICT OF CALIFORNIA)에서 정보제공 명령을 받았으며, 2023년 7월 미국 구글 본사로부터 탈덕수용소 운영자에 대한 유의미한 정보를 입수하기에 이르렀습니다.

그러나 공교롭게도 구글에서 탈덕수용소 운영자에게 정보

제공명령 사실에 대한 통지가 이루어진 무렵, 탈덕수용소가 갑자기 해킹을 당했다면서 채널 내 기존 동영상들이 삭제되었고, 계정 자체가 없어져 버렸으며, 사과 공지문이 올라오게 되었습니다.

탈덕수용소가 당사 소속 아티스트 아이브 멤버들에 대해 지속적인 허위사실 유포로 심각한 명예훼손을 하고, 이로 인해 당사 업무에 대한 방해가 있었음은 잘 알려진 사실이고, 금번 네이트 판에 올라온 탈덕수용소 운영자라는 글에서도 이를 스스로 인정한 바 있습니다.

스타쉽은 탈덕수용소 사과문의 진위 및 진위 여부와 무관하게, 과거의 불법 행위에 대해서는 현재 진행 중인 소송을 통해서, 민·형사상 책임을 끝까지 물을 것입니다.

당사는 현재 법적 절차를 통해 탈덕수용소를 비롯한 '사이버 렉카' 운영자들에 대한 신상 정보를 추가로 확인 중에 있습니다.

기존 '사이버 렉카'들에 대한 법적 조치가 없었던 것은 아니나, 결국 신원을 파악하지 못하고 중단된 케이스가 많았습니다. 그러나 당사는 법무법인 리우와 함께 기존 소송과 달리 신원 파악이 상당히 이루어질 수 있는 조치를 취하였고, 이를 통해 탈덕수용소를 비롯한 '사이버 렉카' 운영자들에 대해서도 책임을 추궁하려 합니다.

당사는 소속 연예인의 명예와 사생활, 인격 등 권리를 보호하기 위해 상시 모니터링 시스템을 운영하고 있으며, 아티스트 명예훼손 및 추가적인 피해 사례들에 대하여 향후에도 합의 없이 모든 가능한 법률적 조치를 취할 예정입니다.

팬 여러분께서 알려주시는 제보나 자료들이 당사의 법적 준비나 대응에 크게 도움이 되고 있는 만큼 지속적인 제보를 요청 드립니다.

감사합니다.

스타쉽의 2023. 7. 25.자 공식 입장

2. 두 번째 공식입장

스타쉽의 두 번째 공식입장문이 나온 것은 2023년 9월 14일이었다. 스타쉽의 임직원 일동과 가수 및 배우 연예인들 명의로 낸 엄벌 탄원서였다. 물론, 그 무렵 2023년 9월 11일 연예계 협단체에서도 성명을 발표했다. 이 무렵의 입장문은 이미 탈덕수용소의 신원이 최종 확인된 2023년 8월 8일 이후에 철저한 조사와 엄정한 처벌을 요구하는 내용의 성명서, 탄원서였다. 그런데 이때 스타쉽의 입장문에 등장한 또 다른 유튜브 채널이 '루미나크'였다. 루미나크는 자신은 '장원영 노이즈 마케팅'일 뿐이라면서 항변하였고, 자신이 사이버 렉카로 취급되는 것에 대해 속상한 감정을 내비쳤다.[91] 다만, 이는 앞으로 있을 루미나크에 대한 또 다른 소송의 서막을 예고하는 것이었지만, 결국, 루미나크에 대한 법적 조치는 이루어지지 않았다.

---

91 엑스포츠, 김예나 기자, 2023년 9월 15일자 기사, "장원영 노이즈 마케팅…스타쉽 경고 억울해? 사이버렉카 토로" 등

안녕하세요. 스타쉽엔터테인먼트입니다.

스타쉽엔터테인먼트 소속 아티스트와 임직원은 연예계 이슈를 빙자한 가짜 뉴스를 양산하고 배포하는 대표적인 사이버렉카 채털 '탈덕수용소'에 대해 엄중한 법의 처분을 촉구합니다.

당사는 소속 아티스트들을 지속적으로 괴롭혀온 '탈덕수용소'를 상대로 2022년 11월부터 민형사 소송과 해외에서의 소송을 진행하고 있습니다.

'탈덕수용소'는 지속적인 허위사실 유포로 심각한 명예훼손을 하고, 이로 인해 당사 업무를 방해했을 뿐 아니라 아티스트와 팬들에게 심각한 고통을 주었습니다.

이에 당사는 현재 진행 중인 소송을 통해서 민형사상 책임을 끝까지 묻기 위해 최선의 노력을 다하고 있습니다.

하지만 준엄한 법의 심판이 없을 경우 일말의 반성의 기미조차 보이지 않는 탈덕수용소가 이러한 행위를 재발하지 않을까 그리고 이번 사건으로 경종을 울리지 못하였을때 유사 채널들이 활개치지 않을까하는 우려가 당사 소속 아티스트들을 더욱 힘들게 하고 있습니다.

탈덕수용소는 신원이 밝혀지자 계정을 삭제하였으며, 소송 건에 있어서도 명예훼손에 해당하지 않는다는 주장을 하며 개선의 의지를 보이지 않고 있기에 엄중한 처벌이 절실한 상황입니다.

또한, 탈덕수용소의 피소에도 불구하고 유튜브상에는 여전히 연예계 가짜뉴스를 다루고 성희롱, 모욕까지 일삼는 '루미나크'같은 사이버 렉카 채널 다수가 버젓이 활동하고 있습니다.

일부 사이버 렉카 채널들은 단순히 루머를 생산하는 것을 넘어, 해당 내용들이 자신의 의견이 아니라 마치 대중들의 반응인 것처럼 포장하는 교묘한 수법을 사용하여 대중을 기만하고 법망을 피해가려고 합니다.

따라서, 탈덕수용소에 대한 일벌백계로 가짜뉴스로 인한 사이버 테러에 대한 경각심은 일깨우고, 온라인과 SNS상에서 타인의 고통을 이용한 악질적인 '조회수 장사'가 판치는 것을 막을 수 있다고 생각됩니다.

당사는 소속 연예인의 명예와 사생활, 인격 등 권리를 보호하기 위해 끝까지 최선을 다할 예정이며, 팬 여러분께서 알려주시는 제보나 자료들이 당사의 법적 준비나 대응에 크게 도움이 되고 있는 만큼 지속적인 제보를 요청 드립니다.

감사합니다.

스타쉽 엔터테인먼트	임직원 일동
스타쉽 엔터테인먼트	케이윌, 브라더수, 몬스타엑스, 우주소녀, 정세운, 크래비티, 아이브, 양재진
킹콩by스타쉽	고아라, 김범, 김샤나, 김승화, 류혜영, 손우현, 송승헌, 송지연, 송하윤, 신승호, 신현수, 안소요, 오소현, 우현진, 유연석, 이광수, 이다연, 이동욱, 이미연, 이승현, 이진, 장다아, 전소민, 정원창, 조윤희, 채수빈, 천영민, 최원명, 최희진, 한민

스타쉽의 2023. 9. 14.자 입장문

3. 세 번째 공식입장

스타쉽이 탈덕수용소와 관련하여 세 번째 공식입장을 내게 된 건 순전히 법률신문의 단독보도 때문이었다. 2023년 7월 25일 스타쉽이 처음으로 탈덕수용소 관련한 입장문을 냈을 당시에도 "아이브 소속사, 미 법원에 유튜버 신상 받아내…'사이버 렉카' 고소길 열렸다."는 기사를 낸 우빈 기자는 2024년 1월 17일 단독으로 "아이브 장원영, 유튜버 탈덕수용소 상대 1억 손배소 승소"라는 제목으로 기사를 썼고, 이와 같이 기사가 나가는 상황에서 입장을 내지 않을 수 없는 상황이었다.

본래 승소판결은 훨씬 전인 2023년 12월 21일 선고되었고, 의제자백 판결이라서 큰 의미를 두지 않았고, 좀더 유의미한 판결이 나와서 어느 정도 종결이 되었다고 생각할 때에 공식 입장을 내려고 했으나, 1억원의 승소판결이 주는 의미 때문이었는지 보도가 잇달았다. 한편, 이 무렵 스타쉽이 제기한 두 건의 민사소송과 장원영 개인이 제기한 소송 모두 기자들에게 사건번호가 이미 알려져 있다는 사실도 놀라웠고,[92] 판결문도 입수해서

---

92 익명의 사람에 대한 개인정보와 특정이 중요한 사건이다 보니, 해당 민사사건의 사건

갖고 있다는 사실도 놀라웠다.

그 이후 항소장 접수 및 강제집행정지 등 절차적으로는 특별히 의미가 없는(의미부여를 하지 않는 이유는 민사소송에서는 늘 있는 일이므로) 내용들도 인터넷 사건번호 및 사건진행내역 검색으로 거의 실시간 보도를 하였고, 이에 대해 민사소송의 절차를 설명해 주면서 크게 기삿거리가 아니라는 점을 설명해 주기도 하였는데, 그 설명마저도 [직격인터뷰] 형식으로 기사가 나가기도 하는 상황이라서 필자도 적지 않이 당황했다. 재판이 진행 중인 사건에 자꾸 진행이

번호도 개인정보에 해당할지에 대한 의문도 있다. 사건번호를 아는 사람은 결국 당사자와 법원일텐데, 사회적 관심사에 대해서는 법원도 기자들에게 사건번호를 알려주는 것 같고, 당사자도 사건번호를 공유하고 있으므로, 당사자 중 1인이 사건번호를 공개해 버리면 어찌되었든 누구라도 소송진행상황을 확인할 수 있게 되기 때문이다. 다만, 2025년 1월 31일 새롭게 개통한 법원 전자소송 시스템에 따라 이제는 인터넷 사건진행내역을 보아도, 당사자 이름 등이 익명화되어 있다. 한편, 민사와 달리 형사사건번호는, 형사사법정보시스템에 접속한 검찰수사관이 형사사법정보인 사건번호, 담당검사, 송치관서 정보를 누설한 것은 형사사법절차전자화촉진법위반이라는 판례가 있다.

나 절차적인 것으로 기사가 나가면서 주목을 받는 것도 부담스럽기도 하였다. 소송실무적으로는 판결이 선고되기 전까지는 큰 의미가 없다고 필자 개인적으로 생각하였기 때문이기도 하다. 그러나 사건에 대한 일반의 관심까지도 필자가 어떻게 할 수는 없었다.

어쨌든 이 무렵 인터뷰 요청이나 문의가 쇄도하였고, 필자의 인터뷰 기사에 대해 악플을 단 사람이 있다고 필자에게 고소를 하라고 이를 캡처해서 보내준 분도 있었다. 계속적으로 아이브의 다른 멤버에 대해서도 법적 조치를 취해 달라며 필자에게 이메일로 자료를 보내주는 분도 있었고, 아이브의 팬으로서 감사하다고 필자에게 메일을 보낸 분도 있었다. 자신이 운영하는 유튜브 채널에 게스트로 모시고 싶다는 연락도 받았다. 학교 수업시간에 주제발표를 위해 연락이 오는 대학생도 있었고, 기타 연락이 오는 내용을 모두 밝힐 수는 없지만, 사실 장원영의 인기를 실감할 수 있는 순간이기도 했다.

안녕하세요. 스타쉽엔터테인먼트입니다.

스타쉽엔터테인먼트 소속 아티스트 권리침해 법적 대응 관련, 현 진행상황에 대하여 안내드립니다.

당사는 소속 아티스트들을 지속적으로 괴롭혀온 '탈덕수용소'를 상대로 2022년 11월부터 민형사 소송과 해외에서의 소송을 진행하고 있습니다.

'탈덕수용소'는 지속적인 허위사실 유포로 심각한 명예훼손을 하고, 이로 인해 당사 업무를 방해했을 뿐 아니라 아티스트와 팬들에게 심각한 고통을 주었습니다.

이에 당사는 현재 진행 중인 소송을 통해서 민형사상 책임을 끝까지 묻기 위해 최선의 노력을 다하고 있습니다.

탈덕수용소를 형사고소한 건은 최근 경찰에서 검찰로 송치되어 준엄한 법의 심판을 기다리고 있지만, 아직 진행 중인 사안으로 현재 단계에서 사법적인 판단이 나온 것은 아니라고 사료됩니다. 별개로 탈덕수용소에게 제기한 민사소송은 2건입니다.

당사가 제기한 민사 소송은 1월 중 변론 예정을 앞두고 있으며, 아티스트 장원영 본인이 제기한 것은 상대방이 응소하지 않아 의제자백으로 승소판결이 났습니다.

당사는 모든 법적 심판이 끝난 후에 다시 한번 공식입장을 통해 알려드리도록 할 예정입니다.

스타쉽은 소속 연예인의 명예와 사생활, 인격 등 권리를 보호하기 위해 상시 모니터링 시스템을 운영하고 있으며, 아티스트 명예훼손 및 추가적인 피해 사례들에 대하여 향후에도 합의 없이 모든 가능한 법률적 조치를 취할 예정입니다.

팬 여러분께서 알려주시는 제보나 자료들이 당사의 법적 준비나 대응에 크게 도움이 되고 있는 만큼 지속적인 제보를 요청드립니다.

감사합니다.

스타쉽의 2024. 1. 17.자 입장문

4. 네 번째 공식 입장

스타쉽의 네 번째 공식입장은 스타쉽이 제기한 소송에 대한 판결이 선고된 2025년 6월 4일이었다. 장원영 항소심 판결에서도 별다른 입장을 보이지 않았고, 결국 최종적으로 스타쉽에 대한 판결이 선고되면서 입장문을 내게 되었다. 스타쉽은 장원영과 마찬가지로 금 5천만원의 손해배상판결을 받게 되어 합계 금 1억원의 손해배상을 받게 되었다.

안녕하세요. 스타쉽엔터테인먼트입니다.

당사는 당사 소속 아티스트를 지속적으로 비방하고 명예를 훼손한 유튜브 채널 '탈덕수용소' 운영자를 상대로, 2022년 11월경부터 민·형사상 법적절차와 더불어 미국 내 디스커버리(Discovery) 제도를 활용한 신원확인 절차를 병행하여 왔으며, 그 결과 해당 운영자의 실체를 특정한 바 있습니다.

이는 국내에서 익명의 유튜브 채널 운영자의 신원을 밝히고 법정에 세운 첫 사례로, 온라인상 악성 행위에 대한 책임을 실질적으로 물은 중대한 선례가 되었습니다.

이 과정에서 지속적인 관심과 제보, 자료 제공으로 큰 힘이 되어주신 팬 여러분께 깊은 감사를 드립니다.

또한 사회적 공감대를 형성하는 데에 힘을 보태어 주신 대중문화 및 대중음악 관련 여러 단체의 관계자 여러분, 소송 절차 전반에 있어 법적 자문과 지원을 제공해 주신 법률대리인, 그리고 지난 1월 15일 징역 2년형과 2억원이 넘는 부당이익 추징을 선고함으로써 법의 단호함을 보여준 재판부, 추가로 민형사 소송에 함께 나서 일벌백계의 의지를 보여주신 다른 피해자 여러분께도 깊이 감사드립니다.

더불어 공정하고 엄정한 수사로 해당 운영자를 기소한 수사기관과 국내외 사법 절차를 통해 정의 실현에 기여해 주신 한국과 미국의 법원에 깊은 존경과 감사를 표합니다.

금일 2025년 6월 4일, 당사가 별도로 제기한 불법행위에 대한 손해배상 청구소송에서도 법원은 '탈덕수용소'에 대해 금 오천만원의 배상을 명하는 판결을 선고하였습니다.

이번 판결을 통해 당사는 소속 아티스트 개인에 대한 법적 대응에 이어 '탈덕수용소'에 대한 민.형사상 가능한 모든 책임을 물었다고 판단합니다.

나아가, 결과적으로 해당 운영자가 불법행위를 통해 얻은 경제적 이익을 초과하는 수준의 법적책임을 지게 되었다고 평가합니다.

이번 사건을 계기로, 당사는 타인의 명예를 훼손하고, 비방, 모욕하는 콘텐츠로 수익을 창출하는 이른바 '사이버 렉카'들에게 강력한 경고를 보냈다고 생각합니다.

앞으로도 당사는 소속 아티스트의 명예를 훼손하거나 사생활을 침해하고, 인격을 모독하는 모든 불법행위에 대해 상시적인 모니터링을 통해 엄정하게 그 법적 책임을 물을 것임을 분명히 밝힙니다.

감사합니다.

STARSHIP®

스타쉽의 2025. 6. 4.자 입장문

5. 개인 언론인터뷰

이 무렵 아마도 첫 번째 방송인터뷰는 MBC였던 것 같다. 위 뉴스는 우빈 기자의 단독 보도 기사가 나간 2024년 1월 17일 당일 방송되었고, 현재까지 유튜브에서 149만회가 넘는 조회수를 기록하고 있다.[93] 그리고 이틀 후 2023년 1월 19일에 방송된 SBS 스브스뉴스가 18만회 정도,[94] 그리고 그 다음 날인 2024년 1월 18일 방송된 JTBC '사건반장'에서는 아예 탈덕수용소가 88년생임이 밝혀지기도 했다.[95] 필자 개인적으로는, 탈덕수용소가 그간 인터넷에 76년생으로 잘못 알려진 것도 있으므로, 이를 바

---

[93] https://www.youtube.com/watch?v=EeXvY4goD6o, 2024년 5월 12일 방문. 그 이후 2024년 3월 26일자 뉴스 '꾹'의 관련 뉴스 동영상 조회수도 100만회를 넘었다.

[94] https://www.youtube.com/watch?v=hUeD93ObYYM, 2024년 5월 12일 방문.

[95] 그러나 이미 이렇게 인터넷 블로그에는 그 생년이 정확하게 기재된 곳도 있었다. https://blog.naver.com/successssss7/223325450886 심지어 위 블로그는 1월생이라고까지 하였다. 위 내용들은 기사화되기도 하였다. 살구뉴스, 원소영 기자, 2024년 1월 17일자. "탈덕수용소 박주아 최신 근황…얼굴변화, 신상, 사과문 재조정(디시, 가사하라)".

> 탈덕수용소는 실제로 만난 1987년생
> 고닉 유저에게 언니라 불렀으며
> 1989년생 유저는 가사하라가
> 자신보다 나이가 많다고
> 얘기한 적이 있습니다 뿐만 아니라

로잡는 의미에서라도 생년 정도는 밝혀서 바로 잡아야 한다고도 생각했다. 그리고 '여성, 박씨'라는 점과 함께 나중에 기사 제목으로도 나왔는데, 여기에 해당하는 사람은 수도 없이 많기 때문에, 이 정도의 신원정보만으로는 여전히 누구인지 식별할 수 없을 것이므로, 이것만으로는 여전히 익명인 상황이다. 또한, 중대사건에서 경찰이 공표하는 정도의 피의자 정보(이름, 나이, 초상)에 비추어 봐도 별 문제가 없다고 보았다.

스브스뉴스 2024. 1. 19.자 인터뷰 동영상 캡쳐 화면

(1) 코리아타임스

한편, 이와 같은 승소 관련 보도가 있기 전부터 이미 인터뷰를 기획하여 준비해 왔던 곳도 있었는데, 바로 영자신문 코리아타임스가 운영하는 K-pop 전문채널 Popkorn[96]이었다. 이미 2023년 12월초부터 필자에게 연락이 와서 스튜디오 촬영을 요청했는데, 필자가 당시 해외에 있어서 2024년 1월 11일에야 촬영이 이루어질 수 있었다. 당시 감기에 걸렸음에도 불구하고, 연기하지 않고 스튜디오 촬영을 하였다. 먼저 방송 인터뷰들이 나간 2024년 1일 17일경보다 며칠 전에 촬영하였으니, 편집이 늦어져서 미리 방송할 수 있는 좋은 타이밍을 놓친 것 같은 생각도 든다.

위 인터뷰 내용은 2024년 2월 8일이 되어서야 동영상이 올라왔는데, 인터뷰 당시에는 탈덕수용소뿐만 아니라 엔터 산업 전반에 관한 여러 개의 주제에 대해 1시간 가까이 촬영을 하였음에도 불구하고, 결국은 "스타쉽이 탈덕수용소를 잡는데 들었던 비용은?"이라고 어그로를 하였다. 아마도 이미 다른 내용들

---

[96] https://www.youtube.com/@POPKORNpoppin

은 방송이 많이 되어서, 또 다른 면을 부각시키려다 보니 그런 것 같기도 하다. 추후에 필자가 뻑가의 신원정보를 확인한 후에 어느 변호사가 올린 유튜브 동영상을 보니, 디스커버리를 하는데 2억원이 든다고 하는 것도 보았고, 어느 미국 로펌의 변호사로부터 자신의 사무실에서는 기본 최저가 미화로 30만 달러라고 하는 것도 들었는데, 그야말로 천차만별인 것 같은데, 대체적으로 미국 로펌들의 보수는 너무 비싼 것처럼 보인다.

어느 엔터테인먼트 회사나 변호사들은 마치 필자에게서 사건을 진행할 것처럼 견적을 받아서 보수와 비용만 비교하고는 그 이후 말이 없거나 또는 다른 로펌에서 진행하는 것도 겪었다. 뭐 어쩌겠는가, 자유시장 경쟁체제인데. 한편, 어느 칼럼에서는 제목 자체가 "사이버렉카 대응방법 너무 비싸"라고 한 것도 있었는데,[97] 디스커

---

97 굿모닝충청, [김헌식의 컬처 픽], 2025년 3월 6일자.

버리를 통해 익명의 사이버 렉카를 처음으로 찾고 보니, 다들 그 비용에 대해 관심이 많아진 것으로 보인다.

위와 같이 촬영하였던 내용들이 뒤늦게 동영상으로 올라오고 나서 그 동영상 내용이 다시 다음 날 기사화되면서 그 기사의 제목들은 마치 탈덕수용소를 잡는 데에 1억원이 훨씬 넘게 소송비용이 든 것처럼 나왔다. 동영상을 자세히 보면, 필자가 말한 것은, 형사고소 1건, 민사 3건, 미국에서의 디스커버리 등을 진행하느라 일반적인 사건보다는 비용이 많이 들었다는 것인데, 중간을 다 빼 버리고, 승소한 금액과 비용이 훨씬 많이 들었다는 말만 연결시키다보니 1억원보다 소송비용이 더 많이 든 것처럼 오해를 사기에 충분했다.

물론, 미국 소송까지 포함되다 보니 비용에도 관심이 있을 수는 있었지만, 그게 그렇게 스튜디오까지 가서 촬영할 정도의 내용은 아니라고 생각했다. 그러나 그렇다고 해서 뭐 필자가 연락해서 일일이 위와 같은 표현들을 수정해 달라고 할 수도 없는 노릇이었다. 물은 엎질러졌다. 기사도 생명을 가진 생명체와도 같다.

(2) 한국일보

그 이후 좀더 미국에서의 디스커버리 절차에 대해 심층적인 인터뷰를 요청한 것은 한국일보의 김재현 기자였다. 2024년 1월 31일 이메일로 연락이 와서, 필자의 사무실에서 2024년 2월 2일 인터뷰와 사진촬영을 하였다. 그리고 그 인터뷰 기사는 2024년 3월 26일에서야 나왔다. 사무실에서 굉장히 많은 사진을 찍었음에도 불구하고, 막상 기사에 나온 사진은 맘에 들지 않았으나, 이 또한 필자가 선택할 수 있는 것은 아니었다. 기사 출고까지 2개월이나 걸렸으니, 사실상 인터뷰하고 나서는 잊고 있었고, 너무 늦어지다 보니 기사가 안 나올 수도 있겠다는 생각도 들었고,[98] 오히려 뒤늦게 인터뷰한 기사가 먼저 나와 시의성을 놓치지 않았나 하는 생각도 들었지

---

[98] 실제로 어느 매체는 필자의 사무실에 와서 인터뷰를 하고 이것저것 많이 물어보았으나, 이후 기사가 나가지는 않았던 것으로 보인다. 어떤 때는 인터뷰보다는 다른 목적(?)을 갖고 찾아오는 경우도 있었다.

만, 이 또한 필자의 오산이었다. 다만, 한국일보에서는 필자가 만들어낸 표현인 '수익형 명예훼손 사업'이라는 것을 명확하게 지적해 주었다.

한국일보 2024. 3. 26.자 기사

즉, 단순히 사이버 렉카라는 말만으로는 다 담을 수 없는 유튜브 내에서의 무분별한 허위사실의 유포나 모욕에 관련된 행위들을 '수익형 명예훼손 사업'으로 칭한 것이고, 그것이 결국은 수익의 몰수 또는 추징 보전이라는 개념과 자연스럽게 연결될 수 있기 때문이었다. 두 달이나 늦게 인터뷰 기사가 나오긴 했지만, 어쨌든 언론매체의 힘이라는 게 보도가 되고 나면 그 이후에 다른 언론매체에서 다시 관심을 갖고 또 연락이 오기도 하고, 다른 후속기사가 나가기도 한다. 정말 기사가 끊이지 않고 나오고 있었고, 최종 판결이 나올 때까지는 왠지 이런 반복이 계속될 것 같은 느낌이었다.

(3) 아시아투데이

한편, 한국일보의 인터뷰 요청과 인터뷰보다 나중에 연락이 오긴 하였으나, 아시아투데이의 김임수 기자도 2024년 3월 11일 필자에게 인터뷰 요청이 와서 2024년 3월 19일 필자의 사무실에서 인터뷰를 하였다. 인터뷰는 한국일보보다 늦게 하였지만, 2024년 3월 25일 [로펌 Zip중탐구] 기사로 해서 한국일보보다는 하루 먼저 기사가 나갔고, 이 기사가 필자의 이름으로 자주 검색되어 상단에 위치하고 있는 기사 중의 하나이다.

위 인터뷰 기사는, 탈덕수용소 못지 않게, 건축저작물의 저작권 침해에 대한 철거판결을 얻어낸 필자의 다른 승소사례[99]도 함께 소개해 주었다. 두 사례는 '최초'라는 타이틀을 얻기에 충분하였고, 필자에게는 2023년도의 기념비적인 사건들이었다.

아시아투데이 2024. 3. 25.자 기사

---

99 주간동아, 권재현 기자, 2020년 2월 5일자, "건축 표절 시비에 새 이정표 세워질 소송", KBS 뉴스, 김영훈 기자, 황다예 기자, 2023년 9월 19일자, "건축물 표절, 더 이상 안돼…법원, 짝퉁 랜드마크 카페 철거명령"

(4) 매일경제신문

2024년 3월 이후로는, 들어오는 인터뷰도 거절하고, 어찌되었든 판결이 선고될 때까지는 기다리려고 하였으나, 진행되는 민사나 형사 사건들에서 변론기일이나 공판기일 상황이 거의 실시간으로 보도가 되고, 그 이후 쯔양이나 구제역 등 사이버 렉카와 관련된 사건이나 이슈들이 생겨나면서 다시금 인터뷰 요청이 들어오기도 하였다. 그리하여 2024년 6월 19일 매일경제신문의 박재영 기자와 필자의 사무실에서 다시 또 인터뷰를 하게 되었다.

인터뷰 내용은 크게 달라질 것은 없었으나, 중학교 7학년 계정의 삭제, 부활 등으로 인한 문제나 중학교 7학년 계정에 대한 정보가 제대로 입수되지 않고 있는 상황에 대한 언급은 간접적으로 하였다. 범죄수익을 환수해야 되는 필요성도 다시 한번 강조하였다. 매일경제신문과의 인터뷰 기사가 나가기 전, 2024년 6월 26일 탈덕수용소를 수사한 인천지검 형사 제1부 검사들이 대검찰청에 의해 우수 수사 사례로 선정되었다는 기사가 나왔다.

매일경제신문 2024. 6. 29.자 '사람들' 기사

사이버 렉카와 같은 신종 범죄에 대하여 주거지 압수수색과 계좌추적 등 보완수사를 통해, 탈덕수용소가 수익금으로 구입한 부동산을 추징보전하여 마음대로 처분할 수 없도록 하였다는 것이다. 어찌되었든 검찰에서 탈덕수용소에 대해 2번이나 구속영장을 청구하면서까지 의지를 보인 것은 대단한 일이었고, 이 모든 것이 가능했던 것은 결국 탈덕수용소의 신원을 확인했기 때문이었다고 스스로 위안을 삼았다. 필자는 수사기관이 아닌 민간인이었으니까 말이다.

(5) 동아일보

2025년 4월 9일 tvN의 유퀴즈 방송 출연[100] 이후로는 이젠 별다른 인터뷰 요청이 없을 거라 생각했는데, 동아닷컴의 김소연 기자로부터 연락이 와서 인터뷰를 하였고, 김소연 기자는 필자와의 인터뷰 내용을 2025년 5월 4일 "그 유투버, 장원영 괴롭혀 건물 샀다…변호사의 집요한 추적[그! 사람]"으로 동아닷컴에 다시 풀어 냈다. 이젠 잊혔을 거라 생각했는데, 역시 매체의 힘

---

[100] 필자가 무한도전에 출연한 것이 2016년이었으니, 9년만에 유재석씨를 다시 방송에서 만나게 되었다.

인지 주말 일요일에 나온 위 기사에도 반응이 많았고, 700개가 넘는 공감 표시와 200개가 넘는 댓글이 달리기도 했다. 한편, 유퀴즈 TV방송과 동아닷컴 인터뷰 사이에 KBS1 라디오 〈성공예감, 이대호입니다〉 프로그램에 2025년 4월 22일 생방송으로 출연을 하기도 하였다.

(6) 인터뷰 소감

과거 어느 유명 연예인의 임대차 분쟁으로 임대인을 대리할 때, 임차인에 대한 갑질 프레임에 걸려 언론 인터뷰로 곤욕을 치른 적이 있었으나,[101] 이번 사건은 사회적 공분이 어느 정도 형성되어 있었고, 피해의 심각성과 가해자에 대한 책임을 지워 경종을 울리는 의미가 있었기에, 특별히 언론인터뷰에 대한 거부감은 없었다. 그저 연락이 오면 오는대로 설명을 해 주거나 인터뷰에 응했을 뿐이다. 물론, 연결이 잘 안 되어서 놓친 인터뷰도 있을 수는 있다. 다만, 2024년 3월 26일경 이후에는 추가로 연락이 오는 인터뷰 요청에 특별히 응하지는 않았다. 아직 재판이 계류

---

[101] 이 때에도 소송 진행 경과와 결과에 대해 책으로 펴낸 적이 있다. '대망명', 도서출판 중정, 2016년. 위 사건은 정말 임대차분쟁과 명도 사건의 끝판왕인 사건이었다.

중인 상황에서 판결이 선고되고 나서 그 결과를 놓고서 평가를 하는 인터뷰를 할 수는 있겠으나, 너무 미국에서의 디스커버리에만 치중하는 것은 큰 의미가 없다고도 생각했다. 그러나 그것은 필자 개인의 생각일 뿐이었고, 위 디스커버리에 대해서는 언론보도에서 보는 바와 같이 많은 관심이 표명되었다. 어차피 조정이 결렬되거나 형사사건이 진행되는 동안, 또는 민사사건이 진행되는 동안 법정에 참석하는 기자들을 통해 계속해서 기사는 나올 수밖에 없었고 필자 또한 이를 피할 길이 없었다. 다만, 탈덕수용소에게 민형사적인 책임을 제대로 지워야만 그 신원정보를 찾아낸 것도 의미가 있을 것이라고 생각했기 때문에, 그래도 최소한 의미 있는 1심 판결이 선고되거나 판결이 확정되어야 기사도 어느 정도 일단락이 되지 않을까라는 생각은 하고 있었다.

그리고 2024년 7월경 쯔양의 사생활 폭로 및 협박, 공갈 등 사건과 관련하여 이른바 사이버 렉카로 칭하여지는 유튜브 채널들이 다시 또 주목을 받으면서 이에 대한 사회적 관심이 높아졌고, 급기야 검찰총장도 사이버 렉카들에 대한 엄격한 처벌과 범죄수익 몰수 등을 언급하기까지 하였다. 사이버 렉카로 불리는 이들은 줄줄이 구속이 되었다. 이 무렵, MBC 9시뉴스[102] 및 중앙일보[103]와 다시 한번 인터뷰를 하게 되었다. 그리고 2024년 8월 27일 방송된 MBC PD 수첩, "사이버 렉카와 가짜뉴스"에도 인터뷰를 하게 되었으니,[104] 2016년 2월 2일에 PD 수첩[105]에 인터뷰 출연한 이후에 또 다시 PD수첩에 출연하게 될 줄이야. 또한, 해를 바꾸어서 필자가 '탈덕수용소'에 이어 '뻑가' 채널의 운영자 정보까지 밝혀내면서[106] 급기야 2025년 4월 9일 tvN의 '유퀴즈' 방송에 다시 '탈덕수용

---

[102] MBC 뉴스데스크, 정동욱 기자, 2024년 7월 12일자, "정의구현 외치며 '폭로' 뒤에 숨어 '뒷돈'까지…사이버 렉카의 민낯"

[103] 중앙일보, 김정민 기자, 2024년 7월 17일자, "끽해야 벌금…물처벌이 키운 사이버 레커, 작년 구속 9명뿐"

[104] 스포츠경향, 이선명 기자, 2024년 8월 28일자, "입살인 뻑가, 탈덕수용소, 얼굴 없는 사이버렉카 피해확산, 방지법 입법될까?"

[105] https://www.youtube.com/watch?v=m91_T1Yy4zQ 아직도 유튜브에 이 동영상이 게시되어 있다.

[106] 엑스포츠뉴스, 김예나 기자, 2025년 3월 7일자, "탈덕, 뻑가 밝힌 정경석 변호사, 악플 색출 한계 깼다…AI 기술이 핵심"

소'를 잡기까지의 전 과정을 갖고서 출연하게 되었다.[107]

한편, 언론과의 인터뷰에서 제대로 설명하지 못했거나 또는 설명을 해도 기사화 과정에서 다소 굴절이 생기는 부분들을 바로잡아 정확하게 사건의 진행과정과 실체를 밝혀서 차후의 사건에 도움이 되고자 하는 마음에 이 책을 집필하게 되었다. 또한, 인터넷상에서 탈덕수용소의 신원을 밝히기 위한 과정이나 미국의 디스커버리 제도에 대한 설명 등이 있긴 하나, 아무래도 직접 경험한 필자가 보기에는 다소 미흡한 부분도 있고 해서, 필자가 실제로 경험하고 연구하고 고민했던 부분을 공유해서 앞으로의 제도 개선이나 발전에 도움이 되고, 같은 고민을 했던 분들에게 정보를 제공해 주는 의미도 있을 것이라는 생각을 하게 되었다. 정보나 제도의 독점이란

---

[107] 톱스타뉴스, 서승아 기자, 2025년 4월 3일자, "사이버렉카 저격수, 아이브 장원영 법률대리인, 탈덕수용소 소송 비하인드 공개"

있을 수 없는 일이니까.

또한, 책의 집필과는 별도로, 정확한 정보 전달을 위해서는, 매체와의 인터뷰보다는 직접 필자의 입으로 설명하는 것도 필요하다는 생각에서, 필자도 유튜브 채널 "@로스트라다무스_007"을 개설, 운영하게 되었다. 이른바, 1인 1미디어 시대에, 이제는 모두가 자신의 방송채널을 갖고서 자신의 콘텐츠로 방송을 하는 시대가 도래했음을 실감했다. 우리 모두가 연기자이고, 감독이고, PD인 셈이다. 같은 장소에 있었어도 누군가는 촬영을 해서 편집을 하고 그것을 동영상으로 공개를 하고 나면, 그 장소의 의미도 얼마든지 달라질 수 있고 다르게 보일 수 있다는 것을 깨닫고 난 후의 일이다. 국내 최초로 익명의 유튜브 채널 운영자의 신원정보를 파악한 이후 벌어진 복붙 논란, 그리고 그 정보를 이용한 그 이후 추가 소송들, 또한 필자가 찾아낸 뻑가의 신원정보에 편승하여 집단소송을 준비하는 움직임, 그리고 필자가 발제자로 참석한 전용기 국회의원의 입법공청회 발제 동영상도 앵글과 편집에 의해 얼마든지 달리 보일 수 있다는 사실이 무딘 필자를 깨우고, 유튜브에 도전하게 만든 것이다.

V

국내 법원의 사건 진행내용과 관련 판결

1. 당사자 신원의 특정

탈덕수용소의 신원이 밝혀진 시점을 언제로 볼 것인가? 물론, 구글로부터 탈덕수용소에 대한 의미 있는 정보들을 몇 차례에 걸쳐 입수하였고, 또한 법원을 통하여 주민등록초본을 입수하기는 하였으나, 탈덕수용소를 상대로 국내 소송을 진행 중인 필자 입장에서는 법원에 당사자 표시 정정 신청서를 제출하여, 이름과 주소가 특정되어 소장이 송달될 수 있게 된 날로 보고 싶다. 왜냐하면, 그 때서야 비로소 법원에 접수했던 소장을 상대방인 피고에게 송달시키는 데 필요한 최소한의 정보가 특정되었다고 생각하기 때문이다. 그 날은 바로 2023년 8월 8일이었다. 그 전날인 2023년 8월 7일, 탈덕수용소의 주민등록초본을 확인할 수 있었던 그 날은 매우 감격적인 순간이었다. 그렇게 누구인지 몰라 법적 책임조차 지우기 어려웠던 인터넷상에만 존재하던 아이디를 현실세계로 끌어낸 순간이었다.

2. 신원정보 확인과 탈덕수용소의 반발

신원(身元) 또는 신상(身上) 정보라고 할 때, '신'은 '몸 신(身)'이다. 그러나 우리가 신원정보라고 할 때의 정보가 전부 사람의 몸에 관련된 것은 아니다. '몸'과 관련된 것은 키, 몸무게, 외모나 용모의 특징이 있을 수 있고, 그 중 얼굴과 관련된 사진, 초상, 이미지 등이 있을 수 있으나, 그 '몸'으로 특정되는 사람과 관련된 사회적 정보인 이름(성명), 생년월일(나이) 또는 주민번호, 주소 및 거주지, 연락처(전화번호나 이메일 등), 직장, 학력, 가족관계 등 여러 가지 다양한 정보들이 이에 포함될 수 있다.

따라서 우리가 '신상을 턴다'라고 할 때, 그 '신상'에는 해당 사람과 관련된 여러가지 정보들이 나올 수 있는 것이다.[108] 보통 법에서는 개인의 경우 '신상정보'라고 할 때는 최소한 얼굴, 성명 및 나이를 지칭하기도 하고, '신원정보'라고 할 경우에는 사업자의 성명, 상호, 주민등록번호, 대표자 이름 및 주소 등을 지칭하기도 한다. 결국, 신상정보나 신원정보의 의미나 범위 등은 그 정보로써 특정한 사람을 지칭하거나 식별할 수 있는지 여부와 관련이 있다고 보면 되겠다.

탈덕수용소의 경우 공식적으로 밝혀진 신원정보는 '박씨'(성), 나이(88년생), 여자(성별) 정도인데,[109] 이 또한 개인정보가 아닌 것은 아니겠으나, 이 정도만으로는 누군가를 식별할 수 없

---

[108] 보통 인터넷에서는 배우자와 관련된 정보, 전 직장, 자녀가 다니는 학교 등등이 공개될 때, 신상정보가 털렸다고 한다.

[109] 이하에서 보는 바와 같이, 나무위키에는 이름도 나와 있고, 다른 정보들도 함께 기술되어 있다. 다만, 그 신뢰성과 정확성은 별개의 문제이다. 애초 나무위키에는 1976년생이라고 되어 있었으나, 필자의 신원정보 파악후에 수정되었다.

기 때문에, 개인정보가 침해되었다고 보기도 어렵고, 특정중대범죄 피의자 등 신상정보 공개에 관한 법률에서 정하여, 공개하는 정도의 신상정보(피의자의 얼굴, 성명 및 나이)에도 미치지 못한다. 다만, 탈덕수용소의 피의자가 범한 범죄(주로 명예훼손, 모욕, 업무방해)가 위 법상 특정중대범죄사건에 해당하는 것은 아니고, 언론의 관심에 의해 밝혀진 정보를 평가할 때 그렇다는 것이다. 한편, 탈덕수용소의 대리인은 2024년 3월경 탈덕수용소의 신상정보가 게재되어 있는 '나무위키'[110]에 일반인임을 이유로 이에 대한 삭제요청을 하여 임시조치로 삭제되었으나, 게시자의 이의제기로 다시 복구되었다. 이에 대해 탈덕수용소는 여전히 개인정보유출과 사생활 침해를 이유로 삭제요청을 하고 있는 상황이다.[111] 이와 유사한 '뻑가' 사건에서도 언론보도에서는 "한국 거주 30대 박모씨"로 일부의 신상정보가 알려졌고, 이에 대해서 뻑가측에서 이의를 제기하기도 하였으나,[112] 대

---

[110] https://namu.wiki/w/%ED%83%88%EB%8D%95%EC%88%98%EC%9A%A9%EC%86%8C#fn-10, 나무위키의 '탈덕수용소' 편. 이른바 '굴욕의 추격전'이라 불리는 해당 동영상은 디스패치의 유튜브 채널에 게시되어 있고(https://www.youtube.com/watch?v=OEjV8oYe_ts&t=39s), 2024년 8월 현재 약 13만뷰를 기록하고 있다.

[111] 서울신문, 신진호 기자, 2024년 4월 3일자, "루머로 아이돌 괴롭힌 유튜버 탈덕수용소 '사생활침해 고통' 호소"

[112] YTN, 최보란 기자, 2025년 3월 5일자, "뻑가, 본인 신상 확보한 변호사에게 경고장 보냈다."

중적 관심이 큰 사건에서, 특히 미지의 신원정보로 오랫동안 법의 사각지대나 치외법권처럼 여겨져 왔던 익명의 유튜브 채널 운영자의 신원을 확보했다는 측면에서, 이와 같은 정도의 신상정보 공개는 개인정보보호법 위반으로 보기는 어렵다고 생각한다.

한편, 탈덕수용소의 신원정보 중, 위 나이, 이름, 성별을 제외한 실물로서의 실체가 처음으로 공개된 것은 2024년 5월 27일이었다. 이 날은 강다니엘이 탈덕수용소를 고소해서 벌금형으로 기소되었던 사건이 정식재판에 회부되어 탈덕수용소가 출석을 해야 하는 공판기일이었다. 애초 4월 29일에 첫 출석이 예정되어 있었으나, 그 날은 탈덕수용소가 인천지방법원에서 구속영장 실질심사를 받는 바람에 기일이 공전되었고, 결국 첫 출석하는 날 디스패치에 의해 탈덕수용소 실물이 공개된 것이다.[113] 그러나 탈덕

---

113 디스패치, 송효진 기자, 2024년 5월 27일자, [현장포토] "가발로 얼굴 가렸다…탈덕수용소 완전 무장"

수용소 또한 언론에 의한 공개를 예상했는지, 마스크, 가발, 안경을 착용하고 나왔고, 일설에는 성형설도 제기되었다. 여기서 결국 신원정보로서의 '얼굴' 또는 '초상'의 의미는 이목구비(耳目口鼻)를 제대로 갖춘 자연상태에서의 모습을 의미한다고 할 것이다. 인터넷 상에는 박OO의 사진이라면서 돌아다니는 사진이 있었는데, 그 사진과 법정에 출석한 사람의 동일성도 육안으로 확인하기는 어려웠다. 또한, 인터넷 상에는 위 사진의 아버지라는 분이 블로그 등에 탈덕수용소가 본인의 딸 사진이라면서 삭제를 요청하는 글도 보이나, 이 글의 진위도 확인하기는 어렵다.

디스패치, 2024. 10. 23.자

연합뉴스, 2024. 9. 2.자

이처럼 모자와 마스크, 가발, 안경 등의 착용이 이루어질 경우에는 얼굴의 주요한 부분이 가려지기 때문에 제대로 된 얼굴 공개 또는 노출이라고 보기 어렵고, 대역 논란이 일 수도 있고, 인물의 동일성에도 문제가 제기될 수도 있다. 한편, 이와 같이 추적 또는 추격으로 인한 한 차례 곤욕을 치른 뒤, 탈덕수용소는 다음 공판기일에 불출석하였고, 이에 담당판사가 구속영장 발부를 경고하자,[114] 그후에는 서울중앙지법과 인천지법에 출석할 때마다 마스크, 검은 모자, 검은 우산, 검은 옷을 입고 코스프레를 하여 법원에 출석하는 웃지 못할 장면이 연출되었다. 아마도 신분노출을 꺼려 하면서 법정에 출석한 사례들 중 가장 얼굴을 잘 가린 사례가 아닐까 싶다.

---

[114] 스타뉴스, 이승훈 기자, 2024년 7월 15일자, "구속영장 발부할 것 강다니엘 명예훼손 탈덕수용소, 재판 불출석" [스타현장][종합]

3. 탈덕수용소에 대한 민사판결

(1) 스타쉽과 장원영

스타쉽이 탈덕수용소의 신원을 모를 때에 진행한 민사 사건은 두 개였다. 하나는 피고 이름이 '탈덕수용소'였고 다른 하나는 '박00'이었다. 사실은 동일한 소송이나, 형식적 기재사항만으로는 피고의 이름이 다르기 때문에, 중복제소의 문제는 생기지는 않았다. 전자의 소송에서는 사법공조를 통한 증거조사촉탁에 치중했고, 후자의 소송에서는 '박00'의 신원에 관한 정보를 입수해가는 일종의 모색적 입증을 주로 하는 소송이었다. 이들의 시간 차를 두고 접수되었고, 담당 재판부도 전혀 달랐다.

탈덕수용소를 상대로 한 소송에서, 구글코리아뿐만 아니라 구글 본사로부터 모두 사실조회회신을 받았던 것은 성과였다. 특히, 미국의 구글 본사의 회신에는 친절하게도 어떻게 해야 구글이 정보를 제공하는지에 대해서도 설명을 해주고는 있었으나, 그 당시에는 미국 법상의 디스커버리 제도에 대해 우리나라 사람이 이용할 수 있는지에 대해 전혀 생각지를 못했다. 다만, 사법공조를 통한 증거조사촉탁에 대해서는 이미 생각을 했던 것이었으나, 2022년 11월, 2022년 2월, 3월 그리고 4월에 걸쳐 네 번이나 증거조사촉탁신청을 하였고, 보정을 거듭하다가 드디어 2023년 8월 31일 재판부에서 법원행정처로 촉탁서를 보내었다. 소송 접수 후 10개월 만이었으나, 많이 늦었고, 탈덕수용소에 대한 신원정보는 이미 직접 디스커버리 신청을 통해 파악한 뒤였으나, 사법공조 절차가 어떻게 진행되는지를 보기 위해 그대로 두었고, 탈덕수용소 채널 폐쇄 이후 등장한 유사채널('입덕수용소')에 대한 정보를 요청하는 것을 추가하여 미국으로 보냈다. 그리고 6개월만인 2024년 2월 26일 회신이 도착하였으나, 구글의 회신은 가입자 정보(subscriber information)와 과금정보(billing information) 모두 삭제되어 버려서 보유하고 있는 정보가 없다는 것이었다. 그냥 허무하게 끝나버린 소송이었고, 여느 신원정보 확인을 위한 사법공조 사건처럼 2024년 6월 25일 소를 취하하고 마무리되었다. 특이한 점은, 구글에서 별도 미국의 명령 없이도 미국 연방검찰청 부검사의 이메일 요청에 응하여서 유튜브 채널이 없다는 확인을 해서 회신을 했다는 것이다. 구글이 계정에 대한 정보를 영구적으로 보관하지는 않는다고 하면서.

스타쉽이 박00을 상대로 제기한 소송은 2023년 8월 8일 당사자 표시 정정신청서를 냄으로써, 드디어 피고에게 소장을 송달할 수 있는 길이 열렸고, 본격적인 소송진행과 변론이 가능하였다. 이 때 구글에서 받은 금융기관 정보를 통해서 피고가 '탈덕수용소' 채널을 운영하여 벌어들인 수익의 규모를 확인할 수 있었고, 이는 나중에 수사기관에도 제출되었으며, 수사기관에서 별도로 파악한 범죄수익 규모와도 비슷하게 맞아 떨어졌다. 다만, 이 민사사건은 관련 형사사건의 판결결과를 보기 위해 변론기일이 추정되어 있다가 2025년 6월 4일이 되어서야 1심 판결 선고를 받을 수 있었다.

한편, 스타쉽뿐만 아니라 장원영도 1차적인, 직접적 피해자이기 때문에 형사고소는 둘이서 같이 하였지만, 장원영의 민사소송은 탈덕수용소의 신원이 밝혀지고 나서 2023년 10월 6일 추가로 제기하였다. 이 때는 이미 성년이었기 때문에, 미성년자의 법정대리인 문제는 없었다. 이미 스타쉽의 위 두 소송은 사건번호가 알려지고 사건진행내역이 기자들에 의해 거의 실시간으로 확인되고 있는 상황이었는데 이 소송은 언론조차도 제기된 사실을 알 수가 없는 정보였다. 다만, 이 소송의 소장이 피고에게 송달된 후 피고는 아마도 스타쉽의 소송과 같은 소송이라고 생각했는지 송달을 받고도 아무런 답변을 하지 않고 있었다. 한 달이 지나 필자가 기일지정신청서를 내자 법원은 무변론 판결 선고기일을 지정하여 피고에게 통지하였으나, 폐문부재로 송달이 안 되자 법원은 이미 소장이 송달된 주소였기 때문에 송달간주를 해 버리고 2023년 12월 21일 의제자백으로 승소판결을 선고해 버렸다.

다만, 필자는 이 승소는 피고측의 항변이 없었기에 큰 의미는 없다고 생각하고 있었고, 또한 피고가 당연히 항소하리라는 생각에 상황을 지켜보고 있었는데 2024년 1월 17일 위 승소 기사가 법률신문 단독으로 보도가 되었고, 피고도 위 기사가 터지면서 패소 사실을 알고 부리나케 당일 항소장을 접수한 것으로 보인다. 이후 항소심이 정식으로 진행되었고 2025년 1월 22일 금 5,000만원의 손해배상 판결이 신고, 확정되었다.[115]

(2) 강다니엘

강다니엘은 필자가 형사고소를 대리하였지만, 민사소송의 초기에는 다른 곳에서 수행을 하였고, 2023년 1월 25일 법원에 소장을 접수하였다. 스타쉽이 민사소송을 제기한 것보다는 두 달 정도 느렸지만 박OO의 알려진 주소(이 주소도 필자측에서 별도로

---

[115] 혹자는 1심에서는 1억원을 승소했는데, 왜 항소심에서는 금액이 줄었느냐면서 그 이유가 무엇인지를 묻는 경우도 있다.

입수한 정보였고, 필자가 대리인으로 작성한 고소장에 기재된 정보였다)로 일단 작성을 해서 소장을 송달시켰다. 그러나 송달이 되지 않아 결국 법원으로부터 주소보정명령을 받아 주소를 보정하여 실제로 2023년 3월 22일 박00에게 소장을 송달시켰다. 그러나 박00의 답변은 "원고가 주장하는 유투버가 아니어서 황당하다."는 것일뿐, 결국은 박00과 탈덕수용소 운영자와의 동일성 문제가 나올 수밖에 없었고, 이는 원고의 입증책임이므로, 결국 디스커버리 외에 달리 방법이 있지 않았다. 다만, 다행히 새로 디스커버리를 하지 않고도 기존 제기했던 형사사건이 탈덕수용소의 신원확인으로 진행되면서, 아래에서 보는 바와 같이, 손쉽게 입증을 할 수 있었다.

그후 강다니엘이 처음 탈덕수용소를 고소했던 형사사건이 중지되어 있다가, 스타쉽이 디스커버리를 통해 탈덕수용소의 신원을 확인하게 되자, 필자가 2024년 7월 14일경 서초경찰서에 수사재개요청서를 제출하여 수사가 재개되었다.

서울중앙지검에서 탈덕수용소를 서울중앙지법으로 벌금 300만원으로 약식기소를 하자, 민사사건에서는 위 형사기록을 문서송부촉탁하여 박00가 탈덕수용소라는 사실을 간접적으로 입증하게 되었다. 이후 피고도 소송대리인을 선임하였고 관련 형사사건의 결과를 기다리며 기일이 추정되어 있는 동안 필자가 소송대리인으로 다시 투입되어(기존 소송대리인은 사임), 조정과 이의, 판결선고와 항소, 다시 항소심에서의 강제조정을 거치면서, 2025년 3월 5일 탈덕수용소가 이의하지 않음으로 인해 금 3,000만원의 손해배상금이 최종 확정되었다. 강다니엘의 이와 같은 여정에 대해서는, [심재걸의 엔터잡학사전], "사이버렉카와 전쟁, 험난했던 3년 끝장 승부"에 잘 드러나 있다.[116]

(3) 빅히트와 BTS

빅히트와 BTS의 정국, 뷔의 경우, 진즉에 탈덕수용소를 상대로 법적 조치를 취한 것으로 생각되었지만, 실상은 가장 늦게, 탈덕수용소의 신원정보가 다른 절차에서 이미 확인된 후인, 2024년 3월 22일에 서울서부지방법원에 접수되었다. 물론 빅히트

---

[116] 일간스포츠, 김은구 기자, 2025년 3월 12일자.

측에서 민사소송 제기를 위한 탈덕수용소의 신원정보를 어떻게 확인하였는지는 매우 궁금하기도 하다. 한편, 위 사건은 2024년 여름쯤에 본격적으로 알려지기 시작했고,[117] 2025년 2월 14일 합계금 7,600만원의 배상판결이 내려졌는데, 탈덕수용소에 대한 형사판결이 2025년 1월 15일에 있었으니, 그로부터 거의 한 달 뒤였다. 위 판결에 대해서는 양측 모두 항소하였다.

4. 탈덕수용소에 대한 형사판결

탈덕수용소에 대한 형사고소는 2022년 7월경에 강다니엘의 고소로 처음 서울서초경찰서에서 시작하였으나, 신원을 확인할 수 없어 수사중단 상태에 있다가 신원이 확인된 2023년 7월무렵부터 수사가 재개되어, 강다니엘 사건은 서울중앙지검을 거쳐 서울중앙지법으로 기소되어 갔다.

---

[117] 스타뉴스, 윤상근 기자, 2024년 8월 16일자, "장원영, 강다니엘-> 뷔, 정국…탈덕수용소 응징은 계속된다."

다른 한편으로 스타쉽과 장원영이 고소한 사건은 원래 서울강남경찰서에서 시작되었으나, 탈덕수용소의 주소때문인지는 몰라도 서울중앙지검에서 기소를 하지 않고, 인천지검으로 이송되었다. 서울강남경찰서 조사 과정의 특이점은 탈덕수용소에 위 채널 운영자의 목소리가 편집되지 않은 채 올라온 적이 있었는데, 위 목소리와 피의자로 특정된 박00의 목소리가 국과수에서 대조 분석한 결과 동일인의 음성으로 나왔다는 점이다.[118] 한편, 인천지검은 탈덕수용소에 대한 다른 고소사건과 병합하고,[119] 피해자들의 추가 고소 사건(5명의 피해자가 2024년 4월 8일 탈덕수용소를 인천지검에 고소[120]하였다)[121]들로 인하여 총 8명의 피해자로 구성한 후, 탈덕수용소의 주거지에 대한 압수수색, 노트북 포렌식 등을 통하여 탈덕수용소의 수익구조와 규모 등을 파악하였다. 그리고 인천지검은 2차례에 걸쳐 탈덕수용소에 대한 구속영

---

[118] 다만, 목소리만으로는, 아무래도 인적 동일성을 인정하는 데 있어 부족할 수도 있다고도 보인다.

[119] 당시 아이돌 그룹 에이티즈가 고소한 사건이 서울마포경찰서에 수사중지된 상황이었다.

[120] 이 때는 수사기관에서 탈덕수용소의 신원정보를 알고 있기 때문에, 추가 고소는 사실 쉬운 일이었다.

[121] 스타뉴스, 윤상근 기자, 2024년 9월 4일자, "장원영, 카리나, 수호, 인천서 나란히 탈덕수용소 응징"

장까지 청구하는 의욕을 보였다. 탈덕수용소가 범죄수익으로 부동산까지 구입한 사실은 필자도 소송진행과정에서 이미 확인하였고, 부동산등기부를 열람하여 검찰에 이를 제공하였다. 다만, 탈덕수용소에 대한 관할은 인천지검이었는데(당시까지 확인한 탈덕수용소의 최종 주소지 관할), 필자가 서울에 소재하는 탈덕수용소의 부동산을 어떻게 찾을 수 있었을까?

한편, 탈덕수용소에 대한 구속영장은 모두 기각되었고(구속영장 기각의 이유는 도주 우려가 없다는 것이었다), 인천지검은 2024년 5월 13일 탈덕수용소를 불구속 기소하였다. 검찰은 이 사건을 "가짜뉴스 유포로 인한 수익형 범죄"라고 칭하였다. 인천지검은 다음 날 보도자료("연예인 가짜뉴스로 억 대의 수익 취득한 유투버 기소")까지 배포하면서 이를 홍보하였고, 추후 대검찰청에서 우수 수사사례로 선정되기도 하였다.

그리고 2025년 1월 15일, 기소한 지 8개월만에

탈덕수용소는 징역 2년, 집행유예 3년, 그리고 필자가 줄기차게 수사기관에 주장해 왔던 2억원 상당의 추징 판결이 선고되었다. 명예훼손죄를 범한 피고인에게 징역형이 선고되고, 추징까지 된 사례도 아마 처음일 것으로 생각된다. 물론, 탈덕수용소가 각 피해자들 모두에게 형사합의금을 공탁까지 한 상황(장원영에게 가장 많은 금액을 공탁하였다)에서 탈덕수용소를 실형으로 법정구속하기는 양형상 어려워 보이지만, 위 선고형에도 검찰은 양형부당으로 항소를 하였으니 탈덕수용소 역시 항소를 안 할 수가 없었을 것이다. 이와 같은 탈덕수용소가 어쩌면 익명의 유튜브 운영자들, 특히, 사이버렉카들에겐 선례로서, 이른바 '참교육'이 되었을 것이고 여러 면에서 기념비적인 사례가 되었다. 이후 필자는 뻑가의 신원정보를 확인해 내는 데까지 성공하였는데, 탈덕수용소의 전례를 모두 보았기 때문인지는 몰라도 미국 법원의 디스커버리 절차와 한국 법원에서 진행 중인 소송에서, 뻑가는 절차적인 이유 등으로 매우 심하게 저항하였고,[122] 필자의 "30대 박모 씨"라는 일부 정보 공개에도 매우 민감하게 반응하였다.[123]

---

[122] 서울와이어, 황대영 기자, 2025년 3월 15일자, "다급한 사이버 렉카 '뻑가', 미 법원에 가처분 냈지만, 기각"

[123] YTN, 최보란 기자, 2025년 3월 5일자, "뻑가, 본인 신상 확보한 변호사에 경고장 보냈다."

V. 국내 법원의 사건 진행내용과 관련 판결   187

VI

결어

탈덕수용소에 대한 민사소송은 그 시작을 스타쉽의 2022년 11월 소송을 기준으로 하고, 장원영에 대한 2025년 1월 항소심 확정판결을 종착으로 본다면, 2년 2개월 넘게 걸렸고, 탈덕수용소에 대한 형사사건은 강다니엘의 2022년 7월 접수를 시작으로 보고 인천지법의 2025년 1월 선고를 끝으로 본다면, 3년 가까이 소요된 셈이다. 신원확정까지에는 시행착오를 거친 것을 감안하면 약 9개월 정도가 소요되었고, 디스커버리 절차만 놓고 본다면, 약 3개월 정도가 소요된 셈이다.

이렇게 익명의 유튜브 채널 운영자에 대한 신원확인이 가능하고 책임을 지울 수도 있고, 그것도 엄벌에 처할 수 있으며, 법정에 직접 출석하며 일종의 수모를 당하게 되는 장면이 중계 또는 방송되면서 경각심을 불러일으켰으나, 여전히 사이버 렉카들은 활개를 치고 있었고, 특별법을 제정해야 한다는 입법론도 계속 주장되어 왔다.[124] 다만, 이를 수행한 필자 입장에서는 특별법도 특별법이지만 기존의 법 기준으로도 엄벌에 처하고, 수익을 추징하는 것만으로도 위하(威嚇)적 효과는 충분히 있다고 생각된다. 다만 그보다 더 중요한 것은, 그 익명성의 신원확보를 좀더 용이하게 할 수 있는 제도적, 법적 장치는 없을까에 대한 고민과 논의라고 본다.

---

[124] 신아일보, 문인호 기자, 2025년 4월 6일자, "전용기 의원, 사이버범죄 수사대응 위한 입법토론회 개최"

사이버 렉카 전쟁

국내 최초로 익명의 플랫폼 사용자의 신원을 확인한 변호사의 추적과 그 기록

Cyber-Wrecker War

3장

중학교 7학년, 영원한 미제 사건?

Cyber-Wrecker War

I

따라 한 전쟁

1. 시작부터 한계인 소송-카피캣

뉴진스측(하이브 법무팀)에서 필자에게 이메일로 연락이 온 것은 2024년 1월 25일이었다. 장원영의 승소기사가 법률신문에 의해 단독으로 보도된 것이 2024년 1월 17일이었으니, 약 1주일쯤 후인 셈이다. 답변으로 이메일 회신을 하고 하이브측에서 한동안 연락이 없다가 필자가 하이브 사내 변호사와 마지막으로 통화한 것은 2024년 3월 13일이었다. 필자 생각으론, 그 때까지만 해도 디스커버리 신청을 준비하고 있었던 것은 아니었던 것 같다. 그리고 나선 갑자기 1주일도 안 되어 2024년 3월

19일 서울용산경찰서에 중학교 7학년을 형사고소하고, 2024년 3월 27일 미국 연방지방법원 캘리포니아주 북부지방법원에 디스커버리 신청을 하였다. 성급하게 의사결정이 이루어져 1주일 단위로 무언가 급하게 준비가 되어 다급하게 접수가 된 느낌이다. 우선, 뉴진스 사건이 진행된 일지를 정리해 본다.

날짜	진행내역
2024. 3. 18.	미국 로펌에서 미국 구글 본사로 중학교 7학년의 계정 사용자 정보 요청
2024. 3. 18.	미국 구글 본사, 법적인 절차에 따르지 않는 요구에는 데이터보호법상 응할 수 없다고 회신
2024. 3. 19.	서울용산경찰서 고소장 접수
2024. 3. 27.	미국 연방지방법원 캘리포니아주 북부지방법원에 디스커버리 신청
2024. 4. 30.	디스커버리 신청 인용 결정
2024. 7. 10.	두 번째 디스커버리 신청
2024. 7. 11.	두 번째 디스커버리 인용 결정
2024. 7. 16.	구글측 변호사의 출현
2024. 10. 22.	추가 subpoena 신청
2024. 10. 24.	추가 subpoena 인용 결정

필자가 미국 디스커버리 제도를 통한 익명의 유튜브 채널 이용자의 신원확인을 할 수 있는 길을 열었다고 해서 물론 필자만이 이 제도를 독점하는 것은 아니다. 이는 그냥 어느 누구라도 이용할 수 있는 절차인 것이다. 필자 또한 언론과의 인터뷰에서 이 점을 분명히 했다. "마치 콜럼버스의 달걀과 같다."고. 달걀을 깨서 세워보니 세울 수 있는 방법을 알았지만, 그렇다고 해서 콜럼버스만이 달걀을 깰 수 있는 것은 아니다. 물론, 디스커버리 절차 이용을 누구나 할 수는 있겠지만, 이게 국내의 소송절차가 아니다 보니 아무나 할 수 있는 것은 아니고, 미국 변호사와의 소통이 매우 중요하고 미국 소송이나 절차에 대한 이해도 필요한 부분이다.[125] 그렇다고 국내의 명예훼손, 모욕, 업무방해 등의 실체적 법리나 국내의 후속 법적 절차 및 입증방법과 무관하지도 않기 때문에 양자의 균형을 잘 잡아야 한다. 따라서 결국 제도의 이해와 이에 대한 철저한 연구, 그리고 그 이후 경험을 통해 축적되는 노하우는 절차 이용에 대한 신속성과 정확성, 그리고 안정성을 담보하게 된다.

---

[125] 이에 대해 이성경 변호사는 "권리를 구제받아야 할 자들에게 필요한 것은 제도가 존재한다는 사실이 아니라, 그것에 도달할 수 있는 현실적인 접근성"이라고 하였다. 법률신문, 2025년 4월 9일자, "유튜버 뻑가 사건이 보여준 새로운 온라인 명예훼손 대응"

또한, 여러 사건을 진행해 봄으로 인해 다양한 변수에 대한 대응능력도 생기게 된다. 필자는 탈덕수용소 사건을 필두로 추가적인 디스커버리 사건진행을 통해 이미 국내 누구보다도 헤이그 증거협약을 이용하거나 미국 법원에 직접 디스커버리를 이용한 경험치가 많이 쌓이게 되었다(이는 미국 법원의 PACER를 통해 실제로 집계 및 확인이 가능하다).

필자의 탈덕수용소 성공 이후, 미국 연방지방법원 캘리포니아주 북부지방법원에 제1782조에 의해 디스커버리 신청을 한 사건 수는 계속 늘어났고, 새로운 법률시장이 열린 것과 마찬가지가 되었는데, 위와 같은 디스커버리 사건과 사법공조에 따른 사법공조신청 사건까지 합하면 필자가 가장 많은 사건을 수행하고 있다고 생각된다. 또한, 필자는 엔터테인먼트 기획사나 인플루언서, 유명인들 외에도 의사, 변호사, 종교인, 사업가, 일반인 등 다양한 의뢰인들을 대리하고 있으며, 특히, 대표적인 사이버 렉카 채널

로 알려진 '탈덕수용소'와 '뼉가'의 신원정보를 확인하여 매우 주목을 받기도 했다.[126]

한편, 디스커버리는 제도 또는 시스템이기 때문에 누구나 이용할 수 있고 얼마든지 선행자료를 참고해서 진행할 수도 있겠지만, 선행자료를 참고하고 이용함에도 도의와 예의라는 것이 있고, 더 나아가 법이라는 것도 있다. 따라서 유사한 사건이라고 하더라도 그 내용을 그대로 베껴서 진행하는 일은 사실 전문가들 사이에서는 상상하기 어렵다. 뉴진스 사건에 대한 필자의 검토의견은 다음과 같다.

우선, 미성년자인 멤버들도 법정대리인의 동의 없이 신청인이 되었다. 물론, 법정대리인이 반대할 리는 없겠지만, 그리고 미국에서의 법원에 제출하는 신청서 기재방법이 우리와는 다를 수도 있지만 이는 미국이나 한국이나 마찬가지일 것인데, 미국 법원에서는 딱히 이를 거르는 사전절차나 입력정보가 없으니 그냥 지나갔을테고 그래도 결정은 났다. 그러나 법정대리인이

---

[126] 엑스포츠뉴스, 김예나 기자, 2025년 3월 7일자, "탈덕, 뼉가 밝힌 정경석 변호사, 악플 색출 한계 깼다…AI 기술이 핵심" 물론, 사이버 렉카가 아닌 다른 유명 채널의 운영자 정보도 확인한 바 있다.

대리를 하지 않은 부분은 아무래도 걸리는 부분이긴 하다. 필자도 미국 법원에 디스커버리 신청을 할 때에, 당시 장원영이 미성년자이기도 해서 스타쉽 법인 명의로 신청하였기 때문이기도 하다.

다음, 본안소송을 형사고소로 할 경우, 판사에 따라서는 형사사건에서 미국과 한국 사이의 증거조사협약을 이유로 기각을 할 수도 있으므로, 이 점을 신중하게 고려해야 한다. 필자는 그것 때문에 뉴진스 사건도 기각될 것이라고 예상했으나(그 이후 신청한 하이브측의 2건은 모두 이것을 이유로 기각되었다), 이것도 물론 통과되어 결정은 났다. 판사의 재량이 있기 때문이다. 그러나 결국 구글과의 협의 과정에서 이것이 문제되어 민사소송을 제기하고 다시 디스커버리 신청을 하게 되었다.

그리고, 사소한 오류들, 뭐 진술서 작성 명의자의 성(Shin)이 파일명에 잘못 기재되어 있어도

{탈덕수용소 사건에 제출한 진술서 작성 명의자와 성(Shim)이 같게 되어 있다}, 진술서의 상당한 부분을 표절한 이슈 때문에 이러한 부분들을 삭제하고 다시 수정해서 제출해도 디스커버리 결정은 났으니, 딱히 걱정할 것은 없었다. 소송이라는 것은 어디까지나 결과론적인 것이라서 결정이 나는 것이 중요한데, 이 모든 우려에도 결정이 났으니 말이다. 접수나 진행 단계에서의 사소한 잘못은 그냥 묻히게 된다. 다만, 어찌되었든 결정은 비교적 쉽게 난 듯했으나, 결국 그 결정으로 정보를 입수하는 과정에서 문제가 발생하였고, 그 문제를 해결하기 위해 다시 재신청까지 하여 결정을 받았으나, 이번에는 구글이 변호사를 선임하여 대응하기까지 하니 스타쉽 사건에 비하면 한참 힘들게 돌아가는 느낌이 드는 것은 어쩔 수 없다. 그리고 나선 '중학교 7학년'의 조롱과 비웃음 섞인 채널과 내용이 다시 부활하였으나, 신원이 밝혀졌다는 소식은 아직까지 없다.

뉴진스 사건의 진행내역 캡쳐화면[127]

2. 언론보도와 소송의 공개

(1) 뉴욕타임즈

'뉴진스' 사건은 이렇게 시작부터가 문제였는데, 문제는 다른 곳에서 또 터졌다. 신청서 접수 사실이 언론에 나온 것이다. 필자는 물론 신청서

---

[127] Errata는 라틴어 Erratum의 복수로서 error의 의미이다.

접수 후 4일만에 그 접수사실을 알고 그 내용을 받아보고 나서 필자의 것과 거의 동일하여 경악하였지만, 언론에 나오기까지는 약 10일 이상이 걸렸다. 2024년 4월 10일 국회의원 선거가 있던 날, 선거장에서 뉴욕타임즈 기자의 이메일을 받은 필자는 전화로 위 사건에 대한 인터뷰를 진행하였고, 그 날 바로 기사[128]가 떴다. 그리고 그 다음날 위 기사는 한국 언론들에 의해 보도가 되었다. 이렇게 공개가 되어 버리니, 유튜브 채널 운영자인 중학교 7학년 입장에서는 당연히 그 계정을 삭제해 버릴 수밖에 없었을 것이다. 이미 탈덕수용소 사건에서도 익숙했던 데자뷰 장면이다. 그리고 누구의 사과문인지 알 수 없는 사과문. 역시 탈덕수용소에서도 있었던 장면이다. 그런데 탈덕수용소 사건에서는 법원의 결정문이 탈덕수용소에게 통지되고 나서 이런 일이 벌어졌는데, 뉴진스 사건에서는 중학교 7학년이 법원의 결정이 나기도 전에 이런 일을 벌인 것이다. 그렇다면 이에 대해서 어떠한 조치를 취하였어야 하는데, 그러한 조치도 없이 마냥 지나갔고, 2024년 4월 30일이 되어서야 결정이 났으

---

[128] 뉴욕타임즈, 윤제훈 기자, 2024년 4월 10일자, "K-Pop Group Asks U.S. Court for Help Finding YouTube User in Defamation Case" 뉴욕타임즈에 박제되었다는 표현도 있는데, 기사에서 당시 뉴진스를 대리한 변호사는 "declined to comment"라고 되어 있다. 필자가 보기엔, 당연히 할 말이 없었을 것이다.

나,[129] 이 때는 이미 계정이 삭제된 이후였고, 오히려 새로운 2차 계정이 나타나서 활동을 하고 있었다. 여기서 탈덕수용소 사건과 중학교 7학년 사건을 비교해 볼 필요가 있다.

구분	탈덕수용소 사건	중학교 7학년 사건
신청인	스타쉽(회사)	뉴진스 멤버들
본안소송	민사소송	형사고소
담당판사[130]	원래는 Edward J. Davila 판사였으나, 2023. 5. 23. Beth Labson Freeman 판사로 재배당됨.	P. Casey Pitts
소요기간	2023. 5. 22. 신청서 접수 2023. 5. 24. 인용명령	2024. 3. 27. 신청서 접수 2024. 4. 30. 인용명령
소송의 공개	스타쉽의 보도자료 (2023. 7. 25.자)	뉴욕타임즈 기사 (2024. 4. 10.자)

---

129 다만, 위 인용결정에 대해서는 2024년 6월 13일이 되어서야 국내 보도기사가 뒤늦게 나오기 시작했다. 서울와이어, 서동민 기자, 2024년 6월 13일자, "미 연방법원, 뉴진스 괴롭힌 유튜버 '중학교7학년' 신원 공개 명령"

130 구글 본사가 있는 San Jose 법원에는 대통령이 임명하고 의회 인준을 받는 이른바, 헌법 제3조 연방판사(Article III Judges)가 현재 4명 있다. 이 네 명이서 번갈아 가면서 제1782조 증거개시 신청에 대한 결정을 내린다. 판사들마다 속도나 성향이 다르다.

계정소유자의 반응	subpoena 통지가 송달된 날 (2023. 6. 23.) 계정 삭제	뉴욕타임즈의 기사가 국내에 소개된 2024. 4. 11. 계정 삭제
소송결과	당사자 특정되어 민사소송 진행하여 책임 추궁	당사자 특정 못하여 결국 책임추궁에 실패한 것으로 보임

물론, 당사자 신원이 확인되어서 이에 대한 책임을 따로 묻는 소송 과정이 지루하고 또한 그 결과가 경미할 수도 있으니, 유튜브 채널이 없어진 것만으로도 성공했다고 볼 수 있다. 또 더 나아가 법적으로 복잡하게 진행하느니 차라리 계정만 없애도 된다고 스스로 자위할 수도 있다. 어차피 소송을 제기하는 목적 중의 하나는 그 계정에 올라온 포스팅을 모두 내리게 하는 것도 있으니 말이다. 그러나 중학교 7학년은 계정의 생성과 소멸을 반복하면서 4번째 채널까지 만들어졌는데, 그마저도 동일인의 소행인지도 알 수가 없다.

(2) 로이터즈

그리고 2024년 5월 30일 이번엔 로이터즈에서 필자에게 연락이 왔다.[131] 이번에도 역시 하이브 측에서 제기한 사건이었고, 뉴진스 사건이 아니라 이번엔 하이브가 직접 트위터 계정 '길티아카이브'를 상대로 '단월드 의혹' 관련하여 제기한 디스커버리 신청이었다. 이 기사를 보면, 하이브의 국내 대리인 로펌 담당 변호사와 마찬가지로 미국 로펌의 변호사[132]도 무슨 이유인지 언론에 즉각적으로 코멘트를 하지 못한다.[133]

---

[131] 로이터즈, 임현수 기자, 2024년 5월 30일자, "K-pop agency HYBE asks US court to help unmask X account in defamation case." 마스크를 쓰고 있는 익명의 플랫폼 사용자의 가면을 벗긴다는 'unmask' 표현과 달리 실제로는 얼굴 등에 관한 정보를 받는 것은 아니고, 형사사건이 아니면 본인이 출석할 일이 없기 때문에 얼굴을 공개적으로 볼 일도 없다.

[132] 위 변호사는 그 후 디스커버리 업무가 뜸하다가 국내의 다른 로펌과 함께 박재범의 디스커버리 신청에 다시 등장한다. 서울와이어, 천성윤 기자, 2025년 2월 25일자, "박재범, 사이버렉카와 일전불사⋯미 법원에 신원확인 요청"

[133] 그 이유를 필자는 법률신문, 우빈 기자, "율촌, 리우, 사이버렉카 신상공개 진술서 복붙논란"으로 짐작하고 있다.

(3) 서울와이어

뉴욕타임즈와 로이터즈의 외신과 달리, 미국 법원에서의 디스커버리 신청 사건에 신속하게 반응한 국내 매체가 있었다. 서울와이어는 2024년 7월 1일, 하이브가 제기한 디스커버리 신청이 기각되었음을 단독으로 알렸고,[134] 또한 그 전에 2024년 6월 13일 뉴진스가 제기한 '중학교 7학년' 관련 디스커버리 신청이 인용되었다는 사실도 알렸다.[135] 물론, 필자는 거의 실시간으로 위와 같은 사실을 알고 있었으나, 서울와이어가 디스커버리 사건에 민첩하게 대응하고 있는 것은 놀라웠다. 뉴스와이어는 특히 하이브가 제기한 디스커버리 신청이 왜 기각되었는지 판결문도 비교적 상세하게 분석하여 보도하였다. 그것은 서울와이어가 PACER[136]에 계정이 있다는 말이었다. 소송당사자나 변호사가 아닌 제3자 누구라도 전자소송 시스템에 접근하여 돈만 내면 기록과 자료를 다운받을 수 있는 미국의 시스템이 놀라울 뿐이다. 개인정보나 사생활 이슈보다는 공공의 재산 또는 정부

---

[134] 서울와이어, 서동민 기자, 2024년 7월 1일자, "하이브, BTS·르세라핌 사이버 렉카 추적 난항…미 정보공개 청구 기각"

[135] 서울와이어, 서동민 기자, 2024년 6월 13일자, "미 연방법원, 뉴진스 괴롭힌 유튜버 '중학교7학년' 신원 공개 명령"

[136] Public Access to Court Electronic Records (법원 전자 기록에 대한 공공 접근)의 머리글자를 딴 단어이다.

의 재산으로 보고 이에 대한 열람과 복사에 대해서는 비용을 받는 것이다. 다만, 국내에서 미국으로 신청하는 디스커버리 사건들은 대체적으로 신청인이 유명인이다보니 접수사실 자체만으로도 기삿거리가 되겠으나, 이렇게 디스커버리 신청 사실이 먼저 공개가 되어 버리는 것은 상대방에게 도망갈 시간을 주는 것 같아서 좀 문제이긴 하다.

(4) 선데이저널 USA

사법공조 사건을 아마도 가장 최초로, 그것도 뻑가 사건을 보도한 매체이지 않을까 싶다. 그로 인해 뻑가 사건의 원고측에서 소송사건 정보 유출 의혹까지 불러일으킬 정도였고, 그 이후, 우리은행장, 하이브, 박진영 사건 등을 미국발로 미국 법원에 제출된 서류만으로도 특별한 인터뷰나 취재 없이도 디스커버리 사건들을 아주 상세히 보도를 하였다. 다만, 미국 매체이다보니, 그것이 국내에까지 별도로 구체적으로 소개되는 것 같지는 않아 보인다.

II

계속되는 헛발질

1. 길티아카이브 사건[137]

하이브와 어도어의 민희진 간에 갈등이 불거진 와중에 유포된 'BTS와 단월드 연관설'이 불거지자, 하이브는 이를 게시한 X (구 트위터) 계정 '길티아카이브'를 상대로 2024년 5월 2일 서울 용산경찰서에 형사고소를 하고, 미국 법원에 2024년 5월 14일 디스커버리 신청을 하였다. 그러나 위 신청은 2024년 6월 28일

---

[137] 이 사건에 대한 자세한 경과는 Sunday Journal USA, 2024년 7월 18일자, "[SNS괴담 팩트체크], BTS-단월드 유착설 제기 하이브 발끈…미국서 소송" 참조. 아래 이슈피드, 숏차장 사건도 함께 다루고 있다.

기각되었다. 위 기각 기사를 국내에서 보도한 것도 역시 서울와이어였다.[138] 한편, 당시 국내에서 형사고소를 하고 미국 법원에 디스커버리 신청을 하면, 기각되는 사례가 나오고 있었기 때문에 위와 같은 구조를 피해야 함에도 불구하고, 하이브측은 아직 그런 경험이 없다 보니 형사고소 후 디스커버리 신청을 하는 방법을 택한 것으로 보인다. 물론, 중학교 7학년의 경우에는 그럼에도 불구하고 인용결정이 나오긴 했으나, 결국은 구글과의 협의과정에서 그것이 다시 문제되어 신청을 다시 하게 되었으니, 이 또한 채널 운영자에게는 삭제 및 도주할 기회가 생긴 것이다.

결국 하이브는 2024년 7월 9일 길티아카이브를 상대로 서울서부지법에 민사소송을 제기하

---

[138] 서울와이어, 서동민 기자, 2024년 7월 1일자, "하이브, BTS, 르세라핌 사이버렉카 추적 난항, 미 정보공개청구 기각" 이어 스포츠경향도 이러한 연달아 내려진 기각 결정을 보도하였다. 이선명 기자, 2024년 7월 3일자, "BTS, 뉴진스 조롱 확산에도 하이브 법적 대응 연거푸 물거품"

고 2024년 7월 11일 다시 디스커버리 신청을 하였다. 그러나 위 사건과의 관련성 때문에, 위 기각을 했던 판사에게 다시 배당이 되었고, 위 판사는 2024년 9월 19일 디스커버리 신청을 인용하는 결정을 내렸다. 다만, 이에 대해서 엑스(X)측에서 이의신청을 하기는 하였다. 길티아카이브는 수익을 올린 정황이 드러나지 않았다는 점과 표현의 자유 억압 등이 논란이 되기도 하였다. 결국, 하이브는 길티아카이브의 신원 특정에는 실패한 것으로 보이고, 그 구체적인 진행경과는 "[타임라인] 하이브, 길티아카이브 소송 사건 전말"[139]에 소개되어 있다.

2. 이슈피드, 숏차장 사건

하이브의 레이블 중 하나인 쏘스뮤직도 2024년 5월 31일 유튜브 채널 '이슈피드'와 '숏차장'을 상대로 서울용산경찰서에 형사고소를 하고, 같은 날 미국 법원에 디스커버리 신청을 하였다. 그러나 위 신청은 접수하고 며칠만인 2024년 6월 5일 바로 기각이 되어 버렸다. 그리고 위 기각 사실은 한 동안 국내에 알려지

---

[139] 서울와이어, 황대영 기자, 2025년 3월 26일자.

지 않았고, 오히려 위와 같이 기각된 사실이 있음에도 알려지지 않은 채 2024년 6월 15일 하이브는 아티스트를 보호하기 위해 사이버 렉카에 칼을 뽑았다는 기사가 나왔다.[140] 위 기각 기사가 국내에 처음 알려진 것은 일요신문이었다.[141]

3. 절반의 성공, 절반의 실패

여기까지 진행된 디스커버리 내역만 보면, 사실상 하이브의 실패로 보인다. 위 사건들은 모두 같은 한국 로펌과 미국 로펌에서 진행되었다. 진행내역을 다시 한번 표로 정리해 보자. 어쨌든 시간이 걸리기는 했으나, 인용은 되었다는

---

[140] 뉴시스, 2024년 6월 15일자. 위 기사에서는 '중학교 7학년', '숏차장', '이슈피드' 등에 대해 법적 절차에 착수했다는 기사가 나왔지만, 정작 '숏차장'과 '이슈피드'에 대해서는 기각된 사실은 아는지 모르는지 언급이 없었다.

[141] 일요신문, 김태원 기자, 2024년 6월 19일자[제1676호], "탈덕수용소 잡은 스타쉽처럼, 하이브의 사이버렉카 강경대응 통할까" 다만, 일요신문이 서울와이어보다 빠르게 길티아카이브 기각 사실을 알고 다룬 점은 눈에 띈다.

점에서는 절반의 실패, 절반의 성공이었고, 인용이 되었음에도 불구하고 신원정보를 제대로 확인하지 못하였다는 점에서 역시 절반의 성공, 절반의 실패였다고 보여진다.

구분	뉴진스	하이브	르세라핌
중학교7학년	2024. 3. 27. 신청 2024. 4. 30. 인용 2024. 7. 10. 재신청 2024. 7. 11. 인용		
길티아카이브		2024. 5. 14. 신청 2024. 6. 28. 기각 2024. 7. 11. 재신청 2024. 9. 19. 인용	
이슈피드, 숏차장			2024. 5. 31. 신청 2024. 6. 5. 기각

한편, 하이브에서 2024년 3월~5월 사이에 주도적으로 제기한 위 3건의 소송들에 대해서는, 언론에서도 여러 문제점을 제기하기도 하였는데, 그 중 하나는 의혹을 제기한 길티아카이브에 대한 재갈 물리기식 소송 아니냐는 것과 뉴진스 소속사인 어도어, 르세라핌 소속사인 쏘스뮤직, 그리고 하이브가 모두 별개의 법인인데, 위 소송을 모두 한 군데의 로펌이 진행을 하여 이해

관계의 충돌 문제가 있을 수 있다는 것이다.[142] 그럼에도 불구하고, 이슈피드와 숏차장 채널은 디스커버리 신청 사실이 알려지자 미리부터 겁을 먹고 채널을 삭제하거나 또는 관련 영상을 삭제하고 반성문을 올리기까지 하였다.

---

[142] 이는 멀티레이블을 운영하는 하이브의 '셰어드 서비스' 때문인 것으로도 보인다. 일요신문, 전형화 기자, 2024년 6월 18일자, "하이브는 방시혁의 기타 연주를 언론플레이 할 때가 아니다."

마구잡이식 소송

1. 뭐든 가만두지 않는다

뉴진스는 2024년 6월 26일 유투버 '추릅'과 '뉴젓츠'라는 두 개의 채널을 상대로 각 2,000만원의 민사 손해배상 청구 소송을 제기하고, 미국 법원에 2024년 6월 27일 또 다시 디스커버리 신청을 하였다. 하이브측은 기존 3건의 디스커버리 신청 사건들을 진행하면서 형사고소를 한 후 디스커버리를 신청하면 미국 내에서 진행이 원활하지 않다는 것을 이제서야 알고, 이때부터는 국내에서 민사소송을 먼저 제기하였다. 위 사건에서는 어도어의 내분 때문에 민희진측 이사인 신00 이사가 퇴사한 것으로 알려졌으나, 여전히 부사장으로서 진술서를 제출하고 있는 점이 눈에 띤다. 위 채널들의 구체적인 내용들은 신OO 부사장의 진술서에 보면 설명되어 있는데 추릅과 뉴젓츠의 콘텐츠 내용들은 차마 입에 담기 힘들 정도의 욕설 등이 등장하는 것으로 알려졌다. 다만, 위 채널들은 기존의 이른바 사이버렉카와는 비교가 안 될 정도로 구독자 수나 조횟수가 미미하나, 어찌되었든 심한 욕설이 난무하는 위와 같은 채널이 유튜브 내에서 개설과 유지가 가능하다는 것도 놀랍다. 위 디스커버리에 대해서는 2024년 8월 8일 인용 결정이 났고, 그 이후 신원이 특정되어 판결이 선고되었다.

2. 뭐라도 건져야

위와 같은 4건의 디스커버리 신청 사건들 대부분 성공적인 결과를 도출해 내지는 못한 것 같다. 또한, 위 4건을 수행한 로펌과 필자 사이에 복붙

논란이 있어서인지는 몰라도, 하이브는 국내 및 미국 로펌을 모두 바꿔서 다시 한번 대대적인 디스커버리 신청에 나선다. 즉, 위 마지막 디스커버리 신청 후 약 두 달쯤 후인 2024년 9월 9일 하이브, 쏘스뮤직, 빌리프랩은 국내에서 8건의 민사소송을 제기함과 동시에, 여기에서 문제된 유튜브 채널 7개를 하나로 묶어서 같은 날 미국 연방법원에 디스커버리 신청을 한 것이다. 위와 같이 문제가 되는 유튜브 채널은 별개로 민사소송을 제기하고, 유튜브 채널에 대한 디스커버리 신청은 하나로 제기하는 사례는, SK그룹 최태원 회장의 동거인 티엔씨 재단의 김희영 이사장의 사례에서도 나중에 목격된다. 즉, 김희영 이사장도 국내 법원에 10건의 민사소송을 제기한 후, 2024년 11월 25일 이를 모두 묶어 하나의 디스커버리 신청을 하였고 2024년 12월 5일 위 신청은 인용되었다.[143] 두 사건 모두 여러 개의 국내 민사소송을 기반으로 하나의 디스커버리 신청을 한 공통점이 있는 반면, 또한 여러 개의 채널을 대상으로 하다 보니 일부는 신원정보를 받아서 당사자 특정도 가능했던 것으로 판단된다.

---

[143] 서울와이어, 천성윤, 황대영 기자, 2024년 12월 7일자, "최태원 회장 동거인 김희영씨, 유튜브 '사이버 렉카' 신원 확보"

특히, 하이브가 거둔 성과는 위와 같은 유튜브 채널의 신원확인 결과, '피플박스'와 '다이슈'라는 유튜브 채널을 운영하는 자가 개인이 아닌 기업이었다는 점이다.[144] 열 번 찍어 안 넘어가는 나무가 없다고 하는 말이 있듯이 하이브가 계속해서 디스커버리 신청을 하니까 그 중에는 신원정보에 실패한 사례도 있었지만, 결국은 신원정보 확인에 성공한 사례도 나오게 된 것이다. 소송의 승패는 병가지상사였다.

---

[144] 서울와이어, 황대영 기자, 2025년 2월 25일자, "하이브, 아이릿, 르세라핌 비난 '법인' 특정…2.8억원 손배소 재개"; 2025년 2월 27일자, "하이브, 아일릿 괴롭힌 사이버렉카사 '패스트뷰'" 한편, 패스트뷰는 이후 위 기사에 대해 언론중재위원회에 중재신청을 하였다.

IV

숨바꼭질

하이브측, 즉, 어도어의 뉴진스와 중학교 7학년의 쫓고 쫓기는 관계는 마치 숨바꼭질을 하는 것만 같다. 중학교 7학년은 동일인의 채널인지는 모르겠지만, 뉴진스의 디스커버리 신청 및 인용결정이 나와도 채널이 계속 생성과 삭제를 반복했다. 채널명이 동일하다고 해서 반드시 같은 사람이 생성, 운영했다고 볼 수도 없고, 결국 채널 운영자의 신원파악이 안 되면 영구미제사건처럼 영원히 미궁에 빠져버릴 수도 있겠다. 더구나 중학교 7학년의 경우 하이브의 법적 조치를 비웃는 것처럼 글을 올리기도 해서 이것도 심각한 문제이기도 하다.

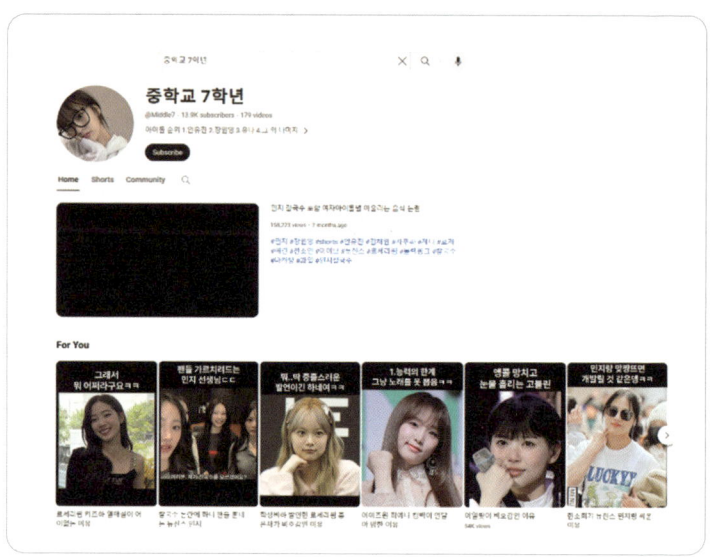

중학교 7학년 유튜브 채널 화면 캡쳐

1. 신청 또 신청

뉴진스가 중학교 7학년을 상대로 신원정보를 확인하기 위한 디스커버리 신청을 했다는 뉴욕타임즈의 보도내용이 국내에 다음 날 바로 소개되면서 중학교 7학년의 반응이 나왔고, 중학교 7학년 계정은 삭제되는 것 같다가 다시 또 부활을 했다.[145] 디스커버리 결정을 받기 전에 상세하게 보도되는 폐해 중의 하나가 이렇게 계정이 삭제되어 버리거나 또는 그 이후에 또다른 계정을 만들었을 경우이다. 뉴진스측에서 2024년 7월 10일 다시 디스커버리 신청을 하면서 이 점을 언급하면서, 중학교 7학년 계정이 2024년 3월 12일 경 삭제되고 비활성화된 것 같다는 진술서를 제출하였다. 또한, 위 디스커버리 신청의 국내 기반사건으로 중학교 7학년을 상대로 한 민사소송은 2024년 7월 3일 제기하였다.

위 재신청된 디스커버리 신청서에 첨부된 새로운 진술서를 보면, 뉴진스측에서 인용된 2024년 4월 30일자 디스커버리 명령을 구글에게 송달하였으나 구글에서 이에 반대하였고, 2024년 6월 25~26일경 구글의 외부 로펌 변호사와 미팅을 통해 국내에서 민사소송을 제기하기로 합의하였다. 그리고 사전에 재신청에서 받고자 하는 명령(proposed order)을 구글의 대리인 변호사에게 보내어 확인을 받았으므로 재신청을 가장 효율적으로 해결해 달라고 요청하였고, 법원은 다음 날 바로 재신청된 디스

---

[145] 스포츠경향, 이선명 기자, 2024년 4월 13일자, "뉴진스 괴롭힌 중학교 7학년, 삭제 하루만에 부활, '하고싶은 말 많다' 조롱"

커버리 신청을 인용하였다.

그러나 2024년 7월 16일 구글측 대리인 변호사가 디스커버리 절차에 출현하였고, 뉴진스측은 2024년 10월 22일 다시 추가 subpoena를 발령받기 위한 신청을 하였으며, 위 신청은 2024년 10월 24일 인용되어 바로 구글측의 대리인 변호사에게 송달이 되었다. 역시 위 신청서에 첨부된 새로운 진술서에 따르면, 구글이 중학교 7학년 계정의 가입자 정보와 로그인 기록을 2024년 7월 18일에 제공하였으나, 가입자는 구글계정 가입시 실제 이름이나 생년월일, 전화번호, 주소를 구글에 제공하지 않았다고 하였다. 또한, 2024년 7월 31일에 구글로부터 추가로 받은 2024년 4월 12일까지의 로그인 정보는 신원정보를 특정하기에 충분하지 않았고 기존의 중학교 7학년 계정이 사라졌으며, 중학교 7학년을 칭하는 또 다른 계정 두개를 발견하였는바, '@중학교-7학년'과 '@중학교7학녕'을 발견하였으므로, 위 두 계정에 대하여 추가로 신원정보를 요청하였다. 별도의 디스커버리 신청을 하지 않고, 기존 신청 사건의 범위 내에서 새로 생성된 계정과의 동일성을 주장하면서 새로운 subpoena를 받아낸 것이다. 이것도 여러 사건을 진행하면서 새롭게 전개되는 사항 중의 하나이다.

2. 계정 폐쇄 후 또 생성

중학교 7학년 계정은 탈덕수용소와 마찬가지로 연예계 공공의 적인 측면도 있어서, 제2의 탈덕수용소 전철을 밟을 수 있을까 기대도 하였지만, 어쩌면 영구미제 사건으로 남을 지도 모르겠다. 필자는 저서를 집필하는 과정 중 나무위키에서도 이 과정에 대해 상세하게 기술하면서 4차 계정에 이르기까지의 과정을 상세하게 설명을 한 것을 보았는데, 무슨 이유에서인지 이제는 그러한 설명이 찾아지지 않는다.

중학교 7학년의 또 다른 계정들

 자칭 중학교 7학년으로 일컬어지는 채널에 올라온 글을 보면, "의도한 것은 아니었지만, 통신사 IP만 사용했고, 정보제공명령서에서 요청한 기간엔 등록된 거주지에서 생활을 하지 않았기 때문에, 구글과 시간이 도와주면 안 잡힐 수도?" 라고 "나 잡아봐라"식의 조롱하는 글도 있고, 어느 곳에서는 또한 반성하는 글도 보여서, 사실 어느 것이 진짜인지도 모르겠고 또한, 동일인의 소행인지도 알 수가 없다. 또한 탈덕수용소 사건의 내용과 관련된 기사를 자세히 봤는지 "탈덕도 3번에 걸쳐서 받은 계좌로 추적한 건데, 깡통계정과 통신사 IP만 있는데 어떻게 잡을 것이냐?"는 내용도 있어서, 동일인임을 의심케 하는 요소도 있고 중학교 7학년도 자신의 신원을 추적하는 것에 대해 나름 연구를 했던 것으로도 보인다. 어찌되었든 디스커버리 절차를 진행하는 동안 생성과 삭제를 반복했던 중학교 7학년 채널들도 모두 없어져서, 신원을 확인하지는 못했더라도, 채널 자체를 소멸시키는 데에 있어서는 일부 성공하였다고 볼 수도 있다.

중학교 7학년이 운이 좋은 이유
😊 의도한 건 아니었지만 통신사 iP만 사용 + 정보제공명령서에서 칼국스측이 ip 요청한 기간인 23/10/01~ 시점엔 등록된 거주지에서 생활 안함 구글과 시간만 좀 더 도와준다면 안 잡힐 수도?ㅋ 완전 럭키비키잖아~🍀🍀🍀🍀🍀🍀 아 참고로 전 중학교 7학년 아니에여 😊

　　　4시간 전
그 지저분하게 흔적 남기고 다닌 탈덕수용소조차 ip로 특정 힘들어서 3트만에 받은 계좌로 추적한 건데 깡통계정 + 통신사 ip 어케 잡을거?ㅋ

　　　4시간 전
구글이 순순히 정보 넘기지도 미지수고 유일하게 신상 추적할 정보인 엑세스 로그 넘겨준다 쳐도 통신사 ip보관기간 3개월 ㅋ참고로 벌써 1달 반 지났다 😊😊

중학교 7학년 유튜브 계정에 올라왔던 글 중의 일부

3. 디스커버리 절차에서 구글 변호사의 출현

디스커버리 신청 후 구글측 변호사가 출현(appearance)하는 경우가 종종 있다. 뉴진스 사건의 진행에서 이러한 점이 확연히 눈에 띈다. 통상 구글의 외부 로펌이 디스커버리 절차에 등장하면 일단 긴장을 하게 된다. 아무래도 구글이 어떤 이의를 하게 되는 경우, 절차가 지연될 수도 있기 때문이다. 만약, 우리나라에서 위와 같은 경우가 발생하면, 구글 내부의 법무팀이나 사내변호사가 위 업무를 담당하지 굳이 외부 로펌을 선임하지 않을 것으로 생각되는데, 미국 회사와 미국 소송절차에서는 단순해 보이는 이런 절차에서도 구글 내부에 사내변호사가 많이 있음에도 불구하고, 외부의 대형 로펌을 선임하여 대응을 하는 것이다.

구글측 변호사가 출현하여 디스커버리에 반대를 하게 되면, 보통 여러 가지 이유를 들면서 반대를 하는데(이를 R&O letter라고 하는데,

Responses and Objections를 말한다), 그 중 하나가 바로 '표현의 자유'이고, 그밖에도 미국 연방법률 제28장 제1782조의 디스커버리 요건을 충족시키지 못했으며, 구체적으로 디스커버리를 요청하는 정보들도 모호하다거나 충분히 정의되지 않았다는 등의 반대이유를 피력하기도 한다.

다만, 다행인 것은 구글측 변호사가 정보공개에는 반대(objection)는 하더라도, 이의신청(motion to quash)을 하지 않는다면 정보를 제공받는 데에 지장은 없다. 우리의 소송절차로는 제3자의 보조참가 신청과 비슷하게 구글이 당사자는 아니지만, 어떻게 보면 이용자의 보호측면이라고나 할까 아니면 디스커버리 진행상황을 검토하기 위해 소송절차에 참여하는 것이라고 보면 될 것 같다. 또한, 구글측 변호사와 미팅을 하거나 회의를 통해 오히려 디스커버리 절차를 협조적으로 진행할 수도 있으므로, 어찌 보면 이 또한 사적자치의 원칙이 디스커버리 절차에 반영된 것이 아닌가 하는 생각도 든다. 소송 외에서라도 얼마든지 협의할 수 있고, 또한 합의하여 절차진행을 빨리 할 수도 있다는 점에서 도움이 되는 측면도 있으나 구글에서 이의신청(motion to quash)을 하면 디스커버리 신청이나 발부된 subpoena에 대해서 정식으로 다투게 되니 신원정보를 빨리 확인하고픈 신청인에게는 절차 지연적 요소로 작용할 수도 있다.

사이버 렉카 전쟁

국내 최초로 익명의 플랫폼 사용자의 신원을 확인한 변호사의 추적과 그 기록

Cyber-Wrecker War

4장

종전은 가능한가?

Cyber-Wrecker War

I

사이버 렉카의 책임

1. 민사책임

먼저, 사이버 렉카의 민사책임에 대하여 살펴보면 익명의 사이버 렉카가 하는 행위 중 문제되는 불법행위는 주로 명예훼손, 모욕, 사생활 침해, 업무방해 등의 불법행위이기 때문에[146] 피해자는 통상 민법 제751조에 의하여 재산 이외의 손해, 즉 위자료를 청구하는 경우가 일반적이다. 인격을 훼손하고 사회적 평

---

146 일부 유튜브 채널의 경우는 사생활을 공개 또는 노출하지 않는 조건으로 금전을 요구하거나 수령하여 공갈죄나 협박죄로 처벌을 받기도 한다.

가를 실추시키는 불법행위로 인해 정신적 고통을 받는다는 것은 경험칙상 명백하고, 다만 정신적 고통에 대한 위자료 액수는 법원이 여러 사정을 참작하여 재량에 의하여 확정할 수 있기 때문에, 가해자와 피해자의 관계나 가해행위의 내용이나 정도(허위성, 내밀성, 공격성, 비방성 등), 가해자의 가해의도나 동기, 태도, 반성여부, 피해자의 피해회복 등 재판진행 과정에서 나타난 제반사정을 고려, 참작하여 정하게 될 것이다.

다만, 위와 같은 사건에서 법원이 위자료 액수를 생각보다 많이 인정하는 것은 아니어서 청구금액에 따라 사건번호가 '가소'나 '가단' 사건으로 민사소장을 접수하는 경우가 대부분이다. 실제로 탈덕수용소가 자신의 채널에 올린 콘텐츠로 인하여 여러 피해자들에게 책임을 지게 된 손해배상액수도 물론 피해자의 사회적 지위, 동영상의 내용 및 개수나 횟수 등 여러 요소에 따라 다르겠지만, 법원에서 선고된 금액을 정리해보면 다음 표와 같다.

구분	손해액
① 강다니엘	3,000만원
② 장원영	5,000만원
③ 스타쉽	5,000만원
④ 빅히트	5,100만원
⑤ 정국	1,500만원
⑥ 뷔	1,000만원

① 애초 5,000만원을 청구하였다가 1억원으로 확장하였으나, 1심에서 3,000만원을 인정하였고, 항소하여 항소심에서는 위 금액이 강제조정으로 확정되었다.

② 1심에서는 의제자백으로 1억원이 인정되었으나, 항소심에서는 5,000만원으로 감액되었다.

③ 2025년 6월 4일 금 5,000만원의 손해배상액이 1심 법원에서 선고되었다.

④~ ⑥은 모두 항소하였다.

결국, 탈덕수용소가 부담하게 될 위와 같은 민사상 손해배상액 및 이와는 별도로 벌금, 추징 등을 서로 계산하여 보면, 탈덕수용소는 2억원이 넘는 적자 또는 손해를 본 셈이니 익명성 뒤에서 달콤하게 수익을 벌 수 있었던 것이 이제는 족쇄가 될 수도 있겠다는 경종을 울려준 셈이다.

구분	수익(+, 원)	손실(-, 원)
채널운영수익	250,000,000	
추징금		210,000,000, 항소
장원영 손해배상+형사공탁		70,000,000 (50,000,000+20,000,000), 확정
스타쉽 손해배상		50,000,000, 항소
강다니엘 손해배상+벌금		40,000,000 (30,000,000+10,000,000), 확정
빅히트뮤직		51,000,000, 항소
뷔		10,000,000, 항소
정국		15,000,000, 항소
기타 피해자 형사공탁		40,000,000
변호사 보수		미상
기타 소송비용 또는 소송비용확정		미상
합계금	250,000,000	약 486,000,000
결론		236,000,000

탈덕수용소 예상 손익계산서

2. 형사책임

온라인 상에서 일어나는 모욕죄나 명예훼손은 일반 형법이 아닌 정보통신망 이용촉진 및 정보보호 등에 관한 법률이 적용된다. 그러나 그 법정형과는 무관하게 주로 벌금형에 처해지는 경향이 있다. 그래서 검찰에서도 벌금형을 내려달라는 약식명령을 구하고('구약식'), 법원에서도 특별한 사정이 없으면 정식재판으로 회부하지 않고 약식명령을 발부하는 것이 일반적이다. 다만, 1회성이 아닌 유튜브 채널의 경우, 지속적으로 위와 같은 불법적 동영상 콘텐츠를 올려 수익을 취하는 경우에는 그 벌어들인 수익으로 벌금을 납부하고도 수익이 훨씬 많이 남기 때문에 밑지지 않고 남는 장사가 되었다. 그렇기 때문에 처벌이 약하다는 문제점이 지속적으로 제기되어 왔다. 그러나 최근 미성년 트로트 가수 김다현과 그 가족에게 악플을 상습적으로 게시했던 50대 남성이 징역 4개월에 집행유예 2년을 선고받기도 하였던바,[147] 수사기관과 사법부에서도 온라인에서 자행되는 모욕과 명예훼손에 대해서 심각하고 엄중하게 받아들이고 있는 경향이 감지된다.

---

[147] 뉴스1, 안태현 기자, 2025년 4월 21일자, "김다현 악플 쓴 50대, 징역 4개월, 집행유예 2년…정신적 고통 커"

강다니엘이 탈덕수용소를 고소한 사건에서도 신원이 특정되어 수사가 재개되자 탈덕수용소를 조사하고는 벌금 300만원에 바로 약식기소를 하였다. 이에 필자는 위와 같은 약식 기소의 문제점을 지적하면서 정식재판에 회부[148]하여 줄 것으로 법원에 요청하였고, 드디어 정식재판에 회부되어 탈덕수용소를 법정에 세우게 되었다. 만약 정식재판에 회부되지 않았다면 벌금 300만원만 납부하고 사건은 종결되고, 탈덕수용소 또한 벌금만 납부하면 더 이상 법원에 출석하는 부담도 없게 되었을 것이다. 탈덕수용소는 결국 정식재판에 회부되어 공판을 진행하여, 검찰에서 구형한 벌금액수의 3배가 넘는 벌금형 1,000만원을 선고받았으니 벌금 액수면에서도 진일보한 셈이므로, 정식재판 요청을 한 보람이 있었다.

---

[148] 정식재판 회부는 법원의 직권 또는 피고인의 벌금액수에 대한 이의에 의해서만 가능하고, 원칙적으로 피해자는 어떻게 보면 그렇게 할 권리는 없다.

II

사이버 렉카의 수익 환수

1. 범죄수익 몰수

사이버 렉카가 범죄로 인하여 취득한 수익에 대해서는 몰수하는 방법을 생각해 볼 수 있다. 몰수란 범인 외의 자의 소유에 속하지 아니하거나 범죄 후 범인 외의 자가 사정을 알면서 취득한, "범죄행위에 제공하였거나 제공하려고 한 물건", "범죄행위로 인하여 생겼거나 취득한 물건", "위 대가로 취득한 물건"을 전부 또는 몰수할 수 있는데, 그 중 문서나 도화, 전자기록 등 특수매체기록 또는 유가증권의 일부가 몰수의 대상이 된 경우에는 그 부분을 폐기하도록 되어 있다(형법 제48조 제1항, 제3항).

결국, 몰수란 범죄행위로 인해 취득한 재산이나 범죄에 사용된 물건 등을 국가가 강제적으로 빼앗는 대물적 처분을 말한다. 예를 들면, 탈덕수용소 형사 사건에서 박00가 탈덕수용소라는 유튜브 채널을 운영하면서 명예훼손 범죄에 사용한 아이패드와 노트북은 위와 같은 이유로 해서 몰수되었다. 다만, 탈덕수용소가 위와 같은 범죄행위로 취득한 재산은 몰수할 수 없었기 때문에, 그 가액 상당액을 추징하였다. 범죄수익은닉규제법상 몰수의 대상은 장기 3년 이상의 징역이나 금고의 법정형이 규정되어 있는 중대범죄를 원칙으로 하고 있고 형법상 중대범죄 중 개인적 법익인 명예와 신용에 관한 죄는 업무방해죄이다. 정보통신망법상 사람을 비방할 목적으로 정보통신망을 통하여 공공연하게 거짓의 사실을 드러내어 다른 사람의 명예를 훼손한 자는 7년 이하의 징역, 10년 이하의 자격정지 또는 5천만원 이하의 벌금에 처해질 수 있기 때문에 정보통신망법상 허위사실 적시 명예훼손죄는 이에 해당할 수 있다.

2. 범죄수익 추징

추징이란, 위와 같이 몰수의 대상이 되는 재산을 몰수할 수 없거나 몰수하는 것이 적절하지 않은 경우에 그 가액을 범인으로부터 금전적으로 환수하는 처분을 말한다. 범죄수익은닉의 규제 및 처벌 등에 관한 법률에서도, 몰수할 재산을 몰수할 수 없거나 그 재산의 성질, 사용 상황, 그 재산에 관한 범인 외의 자의 권리 유무, 그밖의 사정으로 인하여 그 재산을 몰수하는 것이 적절하지 아니하다고 인정될 때에는 그 가액을 범인으로부터 추징할 수 있다고 규정하고 있다(제10조 제1항). 탈덕수용소의 형사사건에서도 법원은 박OO으로부터 금 211,420,152원을 추징하는 명령을 내렸다. 다만, 위 사건에서 검찰은 추징이 가능한 범행기간을 2022. 2.경부터 2023. 6.경까지로 보았는데, 2021. 10.경부터 2022. 2. 4.경까지는 모욕범행을 하여 범죄수익은닉규제법에 따른 추징이 어렵고, 2022. 2. 4.경부터 정보통신망법위반(명예훼손) 및 업무방해 범행을 시작하였기 때문이다. 다만, 1개의 유튜브 채널에 다양한 동영상 콘텐츠가 존재할 경우, 실제로는 불법 콘텐츠 또는 범죄행위에 기반한 직접적 수익을 다른 합법적 수익과 객관적으로 분리해 내기 어려운 경우가 발생할 수도 있다. 게다가 유튜브 채널 운영자가 채널을 삭제하거나 폐쇄해 버린 경우에는 더욱 그러할 수도 있다.

개선방향

1. 국내 지사의 협조

대규모 해외 플랫폼사의 국내 지사는 플랫폼 서비스의 주체가 아니라는 이유로 국내 법원의 가입자 정보 또는 신원확인 요청에 대해 부정적이다. 앞서 살펴본 바와 같이 구글코리아도 그랬고, 메타의 국내 지사인 메타커뮤니케이션에이전트 유한회사 또한 비슷한 입장이다. 실제 사례에서도 메타의 위 국내 지사는 "메타커뮤니케이션에이전트 유한회사는 귀원이 요청하신 정보를 보유하고 있지 않으며, 요청목적에 적합한 주체가 아니라는 점을 말씀드립니다. 특히, 메타커뮤니케이션에이전트 유한회사는 인스타그램 서비스 및 페이스북 서비스를 소유, 운영, 관리하거나 호스팅하지 않습니다("인스타그램 서비스"는 웹사이트인 www.instagram.com와 이에 대응되는 모바일 기기 및 태블릿을 위한 앱을, "페이스북 서비스"는 웹사이트인 www.facebook.com와 이에 대응되는 모바일 기기 및 태블릿을 위한 앱을 각 총칭합니다).

따라서 메타커뮤니케이션에이전트 유한회사는 귀원의 요청과 관련한 조치를 취할 수 없습니다." 그리고 구글코리아처럼 친절하게 미국의 본사로 연락을 취하라는 안내도 해 준다.

대한민국에 거주하는 이용자를 대상으로 하는 인스타그램 서비스 및 페이스북 서비스는 미국 델라웨어주 법률에 따라 설립되어 존속하며 미국 캘리포니아주에 주된 사업장을 두고 있는 법인인 Meta Platforms, Inc. ("Meta", 구 Facebook, Inc.)가 운영 및 관리하며, 대한민국 내 이용자와

> 계약관계에 있는 법인은 Meta입니다. 이에 본건과 관련한 향후 모든 요청은 Meta의 아래 주소로 해 보시기 바랍니다.
>
> Meta Platforms, Inc.
>
> Attn: Legal Department
>
> 1 Meta Way
>
> Menlo Park, CA 94025

한편, 구글코리아의 회신과 달리, 메타의 국내 지사의 회신에는 주목할만한 점이 하나 있었다. 즉, 전기통신사업법 제22조의 7과 8을 언급한 것이다. 즉, 국내에 주소 또는 영업소가 없는 부가통신사업자의 국내대리인 제도이다. 메타의 국내 지사는 자신이 전기통신사업법상 메타의 국내대리인은 맞지만, 국내대리인으로서 지는 자료제출의무는 '과학기술정보통신부장관에 서비스 안정성 확보 의무 관련 자료를 제출하는 경우'와 '방송통신위원회에 이용자 보호업무 평가에 필요한 자료를 제출하는 경우'로 국한된다고 미리 선제적으로 선을 그은 것이다.

다만, 위와 같은 국내 대리인 제도의 개선을 통해서, 미국 본사에 대한 송달을 간편하게 하거나 또는 이용자 보호를 위한 자료 제출 조항을 개정하여 이른바 사이버 렉카에 대한 이용자 정보제공의무를 부과한다든지 하는 방법을 통해서, 미국의 디스커버리를 통하지 않고 이용자 정보 및 신원확인을 할 수 있는 국내 절차를 마련할 수 있다면 여러 모로 훨씬 간편할 수 있다고 본다.

한편, 전기통신사업법은 전기통신사업자는 법원, 검사 또는 수사관서의 장, 정보수사기관의 장이 재판, 수사, 형의 집행 또는 국가안전보장에 대한 위해를 방지하기 위한 정보수집을 위하여 이용자의 성명이나 주소, 주민등록번호 등 자료의 열람이나 제출을 요청하면 그 요청에 따를 수 있다고 되어 있고(제83조 제2항), 국내에서 전화번호나 포털, IP 등의 가입자 정보 조회를 할 경우 위 조항을 근거로 진행하게 된다. 따라서 해외의 플랫폼 서비스 제공자도 국내의 전기통신사업자에 준하여 위와 같은 통신자료제공의무를 지우게 하는 방법도 생각해 볼 수 있겠다.

2. 미국 본사의 협조

해외 플랫폼 서비스의 경우, 주로 미국에 본사가 있는데, 한국의 재판관할권이 미치지 않기 때문에, 미국 본사의 협조가 여러모로 매우 중요하다. 현재, 유튜브의 경우, 부적절한 콘텐츠 신고를 하면, 구글 본사의 유튜브팀(결국, 국내 지사와 어느 정도 관련이 있지 않을까 싶은 생각이다)에서 다음과 같은 조치 후 회신을 한다. 신고가 받아들여져서 삭제나 접근 제한이 이루어진 경우이다.

> ▶ YouTube
>
> 안녕하세요.
>
> 부적절하다고 판단하신 동영상을 신고해 주셔서 감사합니다. 2022년 6월 23일 (목)에 신고하신 동영상이 YouTube에서 삭제되거나 제한되었습니다.
>
> 크리에이터는 콘텐츠가 삭제되거나 제한된 후 **YouTube의 결정에 항소**할 권리가 있습니다. 자신이 신고한 콘텐츠의 상태를 언제든지 확인할 수 있습니다.
>
> [신고 기록 확인]
>
> 감사합니다.
> YouTube팀

콘텐츠가 삭제된 경우에는 콘텐츠를 게시한 자에게도 통지를 하게 된다. 그 때 구글이 하는 통지문의 내용은 다음과 같다.

"The YouTube team has reviewed your content and found that it violates our policies against harassment, threats, and cyberbullying. As a result, the following content has been removed from YouTube. We understand that this action may be disappointing, but YouTube is a safe place for all users, so content that violates our policies will be removed. If you believe we made a mistake, you can appeal, and we will review the decision. See below for more information."

다만, 이 경우에는 문제된 동영상에 대한 조치가 취해져서 해당 동영상을 재생하기 위해 링크를 클릭하면 재생불가 메시지가 뜬다. 다행히 불법 콘텐츠 신고가 받아들여진 경우로 볼 수 있다. 경우에 따라서는 지역적으로만 해당 지역에서 접근제한 조치만 하고 다른 지역에서 접속할 경우에는 아무런 제한 없이 접근, 재생할 수 있기도 하다.

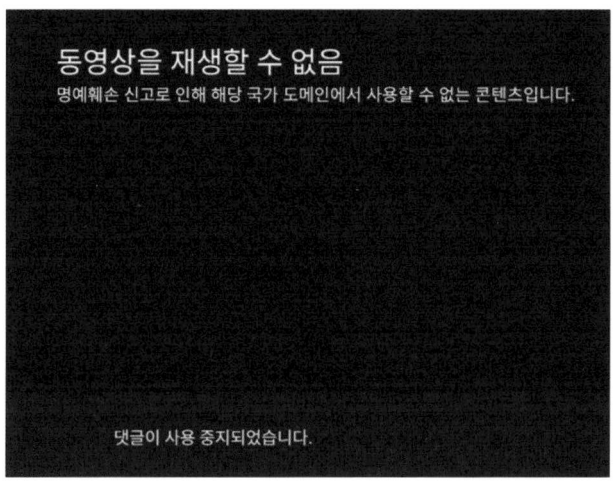

다만, 이렇게라도 불법 콘텐츠 신고가 받아들여져서 해당 계정이나 채널에 올려진 문제의 동영상에 대한 접근제한조치가 이루어지면 다행이고, 더 나아가 계정이 정지 또는 삭제되면 불법 콘텐츠의 유통을 막기 위한 목적이 달성되었다고 볼 수 있다. 또한 이와 같은 신고가 계속 이루어져서 해당 계정이 소위 '폭파'되는 경우도 일단 소기의 목적은 달성되었다고 볼 수 있다.

한편, 플랫폼 운영자인 미국 본사의 협조는, 위와 같은 불법 콘텐츠 신고 후 조치뿐만 아니라 디스커버리 결정을 받은 후 신원정보를 최종적으로 확인하는 과정에서도 필요하다. 즉, 미국 본사가 신원확인에 관련된 정보를 계정이나 불법 콘텐츠가 삭제된 이후에도 일정 기간 동안 보유하고, 그 보유한 정보 중 디스커버리를 통해 요청한 정보들을 한꺼번에 모두 제공해 주는 협조가 필요하고, 또한 디스커버리 결정에 대해 별도로 이의신청을 하지 않는 등의 협조가 필요하다. 디스커버리 결정에 대해 간혹 미국 본사가 정식으로 이의신청을 하는 경우가 있는데, 이 경우 최종적으로 신원정보를 받을 때까지 시간이 더 늘어나고 그만큼 그에 따르는 법률비용도 증가될 수 있어 이는 신원확인을 하려고 하는 신청자에게 그만큼 큰 부담이 된다. 미국 디스커버리 절차를 진행하는 데 소요된 비용을 나중에 한국 법원에서 진행한 손해배상청구 소송의 판결이 확정된 이후에, 소송비용으로 사이버 렉카에게서 환급받을 수 있는지도 추후 법적인 쟁점이 될 수 있다.

이처럼 플랫폼 사업자의 협조가 매우 필요할 정도로, 플랫폼 사업자의 권한이 막강하고, 그렇기 때문에 오히려 플랫폼 사업자에 대한 행정적, 형사적 규제가 필요하다는 입장이 꾸준히 제기되어 오고 있는데, 이에 대해서는 입법적 결단이 필요한 부분이라고 생각된다. 이와 관련, 해외의 입법례에 대해서는 유럽연합의 디지털서비스법, 독일의 네트워크집행법,[149] 영국의 온라인안전법, 호주의 온라인안전법, 중국의 온라인폭력정보관리규정이 국내에 소개되고 있다.[150]

3. 입법론

필자는 2025년 4월 15일 전용기 국회의원이 개최한 '사이버 렉카'에 관한 입법 토론회에 발제자로 참여한 바 있다.[151] 이 자리에서 필자는 사이버 렉카의 대명사로 알려진 '탈덕수용소'나 '뻑

---

[149] 위 두 법에 대해서는, 권형둔, "유튜브 저널리즘에 대한 대응체계의 한계와 언론중재법 적용방안", 2024년 12월 4일, 언론중재위원회 토론회 자료집, 44~49쪽 참조.

[150] 이상 입법례에 대해서는, 최진응, "사이버 렉카 문제, 어떻게 대응할 것인가?", 국회입법조사처, 2024년 10월 21일자 제331호, 5~9쪽 참조.

[151] 스포츠경향, 이선명 기자, 2025년 4월 15일자, "사이버 렉카 끝장내자, 국회서 칼 빼든다."

가'의 신원을 확인하기까지의 법적인 절차와 과정에 대해 상세하게 발표했고, 이에 대한 문제점이나 개선점 등에 대해서도 제안을 하였다. 국내에서 이에 대한 경험치와 데이터가 가장 많이 축적된 전문가로서, 발제를 하였지만, 구체적으로 어떤 법률안에 대해 검토하거나 제안한 바는 없다.

전용기 의원의 입법 토론회 포스터

현행 법령 중, 정보통신망 이용촉진 및 정보보호 등에 관한 법률(이하, '정보통신망법')에서는 특정한 이용자에 의한 정보의 게재나 유통으로 사생활침해 또는 명예훼손 등 권리를 침해당하였다고 주장하는 자는 민형사상의 소를 제기하기 위해 침해사실을 소명하여 방송통신심의위원회의 명예훼손 분쟁조정부에 해당 정보통신서비스 제공자가 보유하고 있는 해당 이용자의 정보(민형사상 소를 제기하기 위한 성명, 주소 등 대통령령으로 정하는 최소한의 정보)를 제공하도록 청구할 수 있다(제44조의6 제1항). 방송통신심의위원회의 명예훼손 분쟁조정부의 업무처리 통계는 아래의 표에서 보는 바와 같고, 실제로 위와 같은 방송통신심의위원회의 정보제공결정을 통해서 정보제공이 이루어지는 사례는 많지 않은 것으로 보인다.

다만, 위 제도의 집행력을 더욱 실효성 있게 개선함으로써 미국의 디스커버리를 통하지 않고 국내에서도 이용자 정보 확인이 쉽게 이루어질 수 있는 발판이 마련될 수도 있을 것이다.

● 명예훼손 분쟁조정 운영(2024. 12. 31. 기준 통계)

- 명예훼손 분쟁조정부 전체 업무처리현황 -

(단위 : 건)

연도	합계	접수처리								사무처 답변 등
		소계	조정전 합의	조정 결정	정보 제공 결정	기각	각하	취하	기타	
합계	4,851	1,868	43	0	350	1,002	105	125	243	2,983
2022	1,802	551	13	0	118	285	33	26	76	1,251
2023	1,540	685	18	0	101	423	29	28	86	855
2024	1,509	632	12	0	131	294	43	71	81	877

방송통신심의위원회 자료

위에서 본 바와 같이, 사이버 렉카에 대한 법적인 대응 및 처벌은 별도의 단행 법률이 아닌 기존의 법률, 그 중에서도 정보통신망법의 개정을 통해서도 적절하게 이루어질 수 있다고 본다. 실제로, 이종배 국회의원은 2025년 4월 10일, 정보통신망을 통한 명예훼손 및 사생활 침해에 대한 피해 확산을 방지하기 위해 정보통신망법상의 임시조치 기간을 연장하고 처벌을 강화하는 내용의 일명 '사이버 렉카 처벌법'을 대표 발의

하였다.[152] 현행 정보통신망법은 정보통신망을 통하여 일반에게 공개를 목적으로 제공된 정보로 사생활 침해나 명예훼손 등 타인의 권리가 침해된 경우, 그 침해를 받은 자는 해당 정보를 처리한 정보통신서비스 제공자에게 침해사실을 소명하여 그 정보의 삭제 또는 반박 내용의 게재를 요청할 수 있고, 이 경우 삭제 등을 요청하는 자는 문자메시지, 전자우편 등 그 처리 결과 및 결과를 통지받을 수단을 지정할 수 있으며 해당 정보를 게재한 자는 문자메시지, 전자우편 등을 통해 삭제, 임시조치 등의 필요한 조치를 취한 사실에 대해 통지받을 수단을 미리 지정할 수 있도록 하고 있다(제44조 제1항). 정보통신서비스 제공자는 위와 같은 해당 정보의 삭제 등을 요청받으면 지체 없이 삭제, 임시조치 등의 필요한 조치를 하고, 즉시 신청인 및 정보 게재자에게 알려야 한다. 이 경우 정보통신서비스 제공자는 필요한 조치를 한 사실을 해당 게시판에 공시하는 등의 방법으로 이용자가 알 수 있도록 하여야 한다(제44조 제2항). 정보통신서비스 제공자는 위와 같은 신청인의 정보 삭제요청에도 불구하고 권리의 침해 여부를 판단하기 어렵거나 이해당사자 간에

---

152 중도일보, 홍주표 기자, 2025년 4월 10일자, "충주 이종배 의원, 사이버 렉카 처벌법 대표 발의"

다툼이 예상되는 경우에는 해당 정보에 대한 접근을 임시적으로 차단하는 조치를 취할 수 있는데, 위 조치를 임시조치라고 하고, 그 기간은 30일 이내로 하도록 되어 있다(제44조 제3항). 위 개정안은 위와 같은 임시조치의 기간을 30일에서 60일로 연장하는 내용을 담고 있다. 다만, 위와 같은 기간이 도과한 후에는 어떻게 할 것인지 그리고 임시조치를 취하지 않았을 경우에는 어떻게 할 것인지에 대해서는 여전히 문제가 있다.

한편, 위 개정안에서는 사이버 렉카에 대한 처벌도 강화하고 있는데 현행 정보통신망법은 사람을 비방할 목적으로 정보통신망을 통하여 공공연하게 사실을 드러내어 다른 사람의 명예를 훼손한 자는 3년 이하의 징역 또는 3천만원 이하의 벌금에 처하도록 되어 있는데, 이를 5년 이하의 징역 또는 5천만원 이하의 벌금으로 상향하고, 허위사실(거짓의 사실) 적시에 의한 명예훼손의 경우 현행 법에서는 7년 이하의 징역 또는 5천만원 이하의 벌금에 처하도록 되어 있는

데(10년 이하의 자격정지도 포함), 10년 이하의 징역 또는 1억 원 이하의 벌금에 처하도록 강화하는 내용을 담고 있다.

법률신문 2025. 5. 12.자, 정식재판 청구대상 명예훼손 범죄 유형

그러나 이와 같은 입법 또는 법률개정안과는 별개로, 검찰에서도 2025년 5월 8일 '사이버 허위사실 적시 명예훼손 등 사건처

리기준 개정 및 준수 지시'를 전국 검찰청에 하달하여 시행하였는데, 허위사실 적시에 의한 정보통신망법 위반(명예훼손)에 대해서는 현행 500만원에서 700만원으로 구형 하한을 상향조정하고, 모욕죄 또한 정보통신망을 이용한 경우 현행 50만원에서 100만원 이상, 성적 표현, 가족 등에 대한 인신공격으로 인한 모욕죄도 정보통신망을 이용한 경우 150만원 이상 구형하라고 지시했다.[153]

또한, 이와 같은 처벌 강화외에도 사이버 명예훼손과 관련한 범죄수익도 철저히 환수하겠다는 방침인데, 이는 사이버 렉카를 정면으로 겨냥한 것이라고 볼 수 있고, 수사단계에서부터 디지털 플랫폼 자료 게시 시점과 계좌 분석 등을 연계해 범죄수익을 특정하고, 몰수, 추징보전과 환수조치를 실시하겠다는 계획인데, 이는

---

[153] 법률신문, 임현경, 홍윤지 기자, 2025년 5월 10일자, "표현의 자유서 표현의 책임으로…명예훼손 벌금 구형 3배 높였다." 이하의 내용도 위 기사 참조.

이미 '탈덕수용소' 사건에서 선제적으로 조치가 취해졌다고 볼 수 있다. 결국은 처벌 수준을 높이는 법률 개정을 통하지 않고서라도, 기존의 법률에서 정한 법정형 범위 내에서도 얼마든지 양형 단계에서 엄벌에 처할 수 있는 방법도 있지 않나 하는 생각도 든다.

또한, 위와 같이 사이버 렉카에 대한 형사처벌보다는 온라인 플랫폼 사업자에 대한 책임과 행정규제를 강화해야 한다는 국회입법조사처의 보고서도 주목을 끈다.[154] 이와 관련하여 유튜브 등 대형 플랫폼에 대한 책임 부과 문제가 여전히 입법 사각지대에 놓여 있다는 비판도 있다.[155] 20대 국회부터 22대 국회까지 온라인상 불법정보 확산을 막기 위한 정보통신망법 개정안이 총 80건이나 발의되었지만 22대 국회에서는 7건이 발의되어 상임위원회 계류 중인데, 대부분이 사이버 렉카에 대해 초점이 맞춰져 있다.

---

154 어셈블리인사이더, 변희원 기자, 2024년 10월 22일자, "국회입법조사처, 사이버 렉카 범죄? 수익몰수, 플랫폼사업자 규제 입법화로 해결"

155 법률신문, 임현경 기자, 홍윤지 기자, 2025년 5월 14일자, "가짜뉴스, 명예훼손 기승인데 국회서 잠자는 플랫폼 규제법"

결론적으로, 온라인 상에서 불법 또는 허위 정보의 확산을 막기 위해서는 불법 또는 허위 정보 생산자에 대한 처벌 강화와 수익 몰수 방안, 그리고 불법 또는 허위 정보 유통자에 대한 처벌 또는 그 유통을 조장, 방조한 플랫폼 사업자에 대한 책임 강화로 입법의 방향은 모아지고 있다고 생각된다.